技术与城乡空间演变研究丛书 | 周静

国家自然科学基金项目(51508365)
江苏高校品牌专业建设工程项目(TAPP)

乡村振兴：淘宝村在中国

周静 著

东南大学出版社
SOUTHEAST UNIVERSITY PRESS
·南京·

内容提要

淘宝村的涌现,展现了信息技术时代中国乡村发展的多元性和潜力。本书将淘宝村现象置于技术与社会发展的历史脉络中,采用跨学科的视角进行深入分析,探讨了互联网接入后不同产业类型的乡村所经历的显著变革。本书从技术与乡村社会共同演化的角度,揭示了互联网革命中淘宝村在生产组织、信息技术与地方产业的深度融合、协同治理以及空间规划方面的重大转变。这些变化共同促使乡村迸发出巨大的活力。

本书适合城乡规划、经济地理、社会调查等领域的师生阅读,也可供对网络社会和淘宝村发展感兴趣的读者参考。

图书在版编目(CIP)数据

乡村振兴:淘宝村在中国 / 周静著. -- 南京:东南大学出版社,2024.12. --(技术与城乡空间演变研究丛书 / 周静主编). -- ISBN 978-7-5766-1679-8

Ⅰ. F724.6

中国国家版本馆 CIP 数据核字第 2024Y1X655 号

责任编辑:孙惠玉 李倩　　责任校对:子雪莲　　封面设计:王玥　　责任印制:周荣虎

乡村振兴:淘宝村在中国
Xiangcun Zhenxing:Taobao Cun Zai Zhongguo

著　　者	周静
出版发行	东南大学出版社
出 版 人	白云飞
社　　址	南京市四牌楼2号　邮编:210096
网　　址	http://www.seupress.com
经　　销	全国各地新华书店
排　　版	南京布克文化发展有限公司
印　　刷	南京凯德印刷有限公司
开　　本	787 mm×1092 mm　1/16
印　　张	8.25
字　　数	200千
版　　次	2024年12月第1版
印　　次	2024年12月第1次印刷
书　　号	ISBN 978-7-5766-1679-8
定　　价	49.00元

本社图书若有印装质量问题,请直接与营销部调换。电话(传真):025-83791830

前言

近10多年来,中国淘宝村的涌现与经济活力在全世界范围内都是一个独特的新经济社会现象。淘宝村的发展在这个时代无疑具有重要的意义。淘宝村从一个窗口透视了中国乡村发展的多样性和可能性,传承着乡土中国基因的同时,也成为实现数字乡村振兴的重要方式之一。

任何一种新经济地理现象的出现都离不开它所处的时代背景,本书将淘宝村现象放在技术与社会发展历史进程中考察,以问题为导向,在多学科视野上观察分析。淘宝村为什么会在这一轮信息技术革命中大量涌现?如何认知这一新经济地理现象?淘宝村的蓬勃发展能够给中国乡村振兴带来哪些启示与思考?

本书的第一部分从信息技术革命与平台经济崛起、国家乡村政策演进、乡村规划建设实践,以及淘宝村的发展历程出发,对淘宝村现象进行了多维度的透视与解读。第二部分基于笔者多年深入一线的实地调查,以典型案例为抓手,记录和解析了苏南淘宝村10多年来的发展特征,并在这个过程中思考其快速发展的原因。第三部分是全书的结论与启示。

本书的重要观察之一是在这场互联网变革中,淘宝村的生产组织方式正在从传统的乡村弱生产组织转向一种新的基于信息与通信技术(Information and Communication Technology, ICT)协同的强生产组织方式。费孝通先生曾经指出,中国传统乡村有三种基本的生产组织方式,分别是小农生产、家庭手工生产和作坊生产,主要依靠熟人社会维系。因为缺乏规模效应和技术,同时又远离消费市场,中国传统乡村生产组织是区别于成熟市场化组织的弱生产组织。而在这场乡村互联网革命中,笔者观察到在信息技术的协同效应下,两种新的分工趋势与传统乡土中国的熟人社会分工相结合,一种新的强生产组织正在形成。这种组织能够吸纳农村剩余劳动力,兼具弹性与效率以应对高度变化的不确定市场,并展现出自下而上的创新能力,能够链接到更广阔的城市或区域供应链市场,即一种基于互联网的、全新的生产协作系统正在建立起来,围绕电子商务经济活动重组空间,推动着乡村不断整合和优化资源配置。

重要观察之二是信息技术与地方产业深度融合、协同权责统一的制度安排,以及更大范围的空间规划,使得这些乡村迸发出巨大的活力。地方政府和村民委员会不是简单的重复或者跟上中央政府发起的发展项目,作为经济增长的具体实践者,他们设计并落实发展政策,这些政策促进了地方基层制度架构的建设,并有助于满足地方具体发展需求。淘宝村地区的空间规划调整频繁,反映了规划以应用为导向的实践工作特征,同时也提醒我们,尊重客观发展规律、积极应对新技术对于空间革新的推动作用,以及空间快速重组与社会转型,是当前城乡规划研究与实践必须捕捉的物质事实。

重要观察之三是淘宝村在具有巨大活力的同时,用地冲突、治理挑战以及巨大的生态压力等新的矛盾和问题也在不断出现。例如,对于这些涌入大量外来人口的村庄,其社区治理、社会福祉问题,需不需要更高层面的治理?未来如何承接更高级的生产要素,实现人才升级,容纳更高级产业的空间环境?相应的制度和政策亟待思考。

经济的发展并不是唯一目的。费孝通先生晚年对"美好社会""文化自觉"进行了大量思考,指出经济的发展只能解决我们生存的基本问题,但如何能生存得更好、更有价值,使自我价值的发挥得到更宽阔的拓展,并从中发展出一种新的人文精神,是当代中国学者的历史责任。因此,在淘宝村经济发展的同时,我们更需要对乡村传统文化、乡村价值进行重新审视,尊重和发现乡土文化、乡村民俗、手工业特色等,推动数字乡村战略下当代乡村社会转型与发展中的理论问题、实践问题得以进一步深入研究。

在当前中国乡村振兴的进程中,尤其是在产业振兴方面,近10多年来淘宝村的探索发挥着探路先锋的作用。保持淘宝村持续的创新环境,需要多方行动者的协同努力。当有人还在质疑淘宝村发展是否可持续时,苏南淘宝村已经展现出了蓬勃发展的活力。我们为什么不将在苏南淘宝村观察到的经验分享给更多想了解其中原因的读者呢?本书抛砖引玉,期待更多深入的研究,以期共同助力于塑造未来更好的乡村人居环境。

最后,在这本书的写作过程中,我要衷心感谢所有给予帮助的人!因为有你们的宝贵建议、意见,以及无私的支持与帮助,这本书才得以完善。感谢家人对本书写作的支持!感谢东南大学出版社的孙惠玉老师在本书出版过程中所做的辛勤工作!限于笔者的学识和能力,本书仍会存在不足,还望广大读者和学界同仁批评指正!

周静
2023年11月于上海大学

目录

前言

第一部分　21世纪的技术与网络社会

1　导言 ⋯⋯ 002
  1.1　21世纪技术加速演化中的网络社会 ⋯⋯ 002
  1.2　中国淘宝村现象 ⋯⋯ 003
  1.3　本书的理论工具 ⋯⋯ 004
  1.4　本书的章节安排 ⋯⋯ 009

2　信息技术革命与平台经济 ⋯⋯ 011
  2.1　信息技术革命与生产组织方式的演进 ⋯⋯ 011
  2.2　平台经济出现的三种解释 ⋯⋯ 016
  2.3　阿里集团淘宝平台的演进 ⋯⋯ 022
  2.4　新就业形态的涌现 ⋯⋯ 026
  2.5　平台经济的创新性、内在缺陷与平台治理 ⋯⋯ 031

3　淘宝村发展历程（2009—2020年） ⋯⋯ 038
  3.1　国家数字乡村政策演进 ⋯⋯ 039
  3.2　乡村规划建设实践与成效 ⋯⋯ 042
  3.3　淘宝村的发展情况与类型特征 ⋯⋯ 047
  3.4　淘宝村的空间分布特征 ⋯⋯ 049
  3.5　淘宝村：自下而上的创新实践 ⋯⋯ 052

第二部分　苏南地区的淘宝村实践

4　调查区域 ⋯⋯ 060
  4.1　江苏淘宝村发展概况 ⋯⋯ 061
  4.2　不同产品类型淘宝村发展差异 ⋯⋯ 062
  4.3　发展基础与条件 ⋯⋯ 063

5　农产品淘宝村 ⋯⋯ 067
  5.1　边缘的突破：消泾村 ⋯⋯ 067
  5.2　生产组织跃迁 ⋯⋯ 068

  5.3 新的空间组织 072
  5.4 规划思考 077

6 手工产品淘宝村 081
  6.1 冲突与博弈：西望村 081
  6.2 快速增长的两类生产组织方式 082
  6.3 新的社会网络关系 084
  6.4 新的空间组织 084
  6.5 全球化流动与地方力量的博弈与相互重构 087

7 工业产品淘宝村 093
  7.1 基于信息与通信技术的复杂协作系统建立：三合口村 093
  7.2 数据驱动生产日趋明显 094
  7.3 生产组织深刻变革 095
  7.4 新的空间组织 097
  7.5 地方政府及规划的角色 100

8 淘宝村集群 106
  8.1 县域经济：常熟服装淘宝村集群 106
  8.2 物质性空间生产 106
  8.3 象征性空间生产 110
  8.4 社会性空间生产 111

第三部分 结语

9 本书结论与思考 118
  9.1 淘宝村现象的一个解释框架 118
  9.2 信息时代的涌现及对未来人居环境的思考 121

第一部分

21世纪的技术与网络社会

1 导言

进入21世纪,信息与通信技术已经高度介入了人们社会生活的每一个方面,成为整个社会的基础设施。人们的工作、生活前所未有地因为互联网和大数据的流动结合在一起。

近10多年来,中国淘宝村的涌现与经济活力在全世界范围内都是一个独特的新经济社会现象。

1.1 21世纪技术加速演化中的网络社会

技术正在加速演化,创造着这个时代的重大议题和空间巨变。2021年被称为元宇宙元年。元宇宙描绘着一个万物互联、平行于现实物理世界的完全虚拟世界,突破了我们对未来世界的想象。2023年初,人工智能、聊天生成型预训练变换(Chat Generative Pre-trained Transformer,ChatGPT)模型、人工智能(Artificial Intelligence,AI)虚拟人、人工智能(AI)绘画等相关概念与文章遍布于科技新闻及各种媒体报道中,风起云涌般来到了人们的面前。截至2023年1月,每天平均有约1 300万名用户使用聊天生成型预训练变换(ChatGPT)模型[①]。近期聊天生成型预训练变换(ChatGPT)模型又先后通过了谷歌编码入门级工程师测试、沃顿商学院工商管理硕士学位(Master of Business Administration,MBA)考试,以及美国执业医师资格考试。在科技行业,新一轮围绕人工智能的开发竞赛正在展开。

与20年前相比,现在的信息技术革命已经出现了显著的差别:过去更多解决的是信息传递效率和方式的问题,而现在信息技术与实体制造二者之间已经紧密相连。在这一时代,数据成为生产和消费的核心要素,人流、商品流、资金流前所未有地因为互联网和大数据的流动而结合在一起。"数据洞见未来""数据是新的石油""数据即财富"等曾经的预言已经成为现实。

平台经济成为今天最重要的经济组织方式之一。2014年诺贝尔经济学奖得主——法国经济学家让·梯若尔(Jean Tirole)用数学的方式指出平台型组织作为双边市场与传统市场的差异与优势。数据和算法让平台经济获得了巨大的成功。截至2021年末,在全球市值最大的10家公司中,平台企业占7家[②]。在前十大企业中,平台企业的总市值达9.11万亿美元,市值占比从2008年的8.8%上升至74.43%[③]。在电子商务交易方面,2021年据国家统计局数据显示,我国电子商务交易额达42.3万亿元,已连续9年保持全球最大网络零售市场地位。其中,全国网上零售额达13.1万亿元,电子商务相关产业吸纳及带动就业超过6 700万人[④]。

数字技术的应用,使得全球主要城市、大都市区和城市工业走廊的昔日腹地重新调整,这些腹地正在被功能化,以促进巨型的城市网络持续扩展,网络城市日益凸现(Castells,1996)。在《创造未来城市》一书中,巴蒂(2020)预测"流体城市"出现,随着城市空间的智能化设备越来越多,城市正在成为其自身的传感器,它们的物理结构正在被自动化。支配着城市物理特性的是流、网络和联系。

1.2 中国淘宝村现象

我国乡村地区在过去10多年里受到信息技术影响最为显著的新经济现象是淘宝村[⑤]的涌现和蓬勃发展。电子商务的兴起和普及,让乡村地区的产品和服务能够通过互联网和物流配送进入城市市场,剧烈地改变着乡村的发展演化。

"淘宝村"一词最早见诸报端,是在2009年媒体关于江苏省徐州市沙集镇东风村的报道:"一根网线、一台电脑,开启了东风村一段激情燃烧的网络创业岁月。这个苏北的小村庄原本并没有家具产业,但在几年时间里,当地已经形成一个以数千名网商为核心,周边辅以快递企业、代运营、五金配件、原料供应、包装供应等服务商在内的生态圈,极大地带动了当地农村经济的发展。"与东风村同时崛起的还有河北省清河县东高庄和浙江省义乌市青岩刘村。

此后,国内淘宝村的发展呈现雨后春笋之势,新农人利用电子商务销售农村各种特色产品,逐渐打开了销售农村产品的线上市场。截至2020年底,全国25个省(自治区、直辖市)已经发现各类淘宝村5 000多个。淘宝村正在经历从点到面的跨越,成为一股不可忽视的农村新经济浪潮。2019年,全国淘宝村和淘宝镇的网店年销售额合计超过7 000亿元,活跃网店数达到244万家,带动就业机会超过683万个[⑥]。2019年,474个淘宝村在阿里巴巴集团旗下的跨境电商平台向海外销售商品,年销售额合计超过1亿美元。

据农业农村部监测,2019年全国返乡入乡创业人员已达850万人,在乡创业人员达3 100万人。2020年上半年,县长走进直播间助农一时间成为现象级现象⑦。县长、市长们参与直播,以社会公众人物的身份为区域性的特色农产品提供了信用背书,并以服务型政府的姿态,亲力亲为带动农民和相关从业者转变思路、勇敢尝试新的营销方式,为农产品打开销路(郭红东等,2020)。

以淘宝村为代表的农村电子商务正深刻地改变着中国大量乡村地区的空间面貌。一些电子商务快速发展的乡村地区,十几个甚至几十个淘宝村集聚在一起,在周边 10 km² 甚至更广大的辐射范围内,分布着大大小小的电商产业园、厂中厂、家庭作坊。各种互联网新商品在这里设计、创新、生产与销售。早先的农村交易市场发展为规模庞大的专业性市场,细分品类、特色化店铺也越来越多,彰显着时尚风格。街头随处可见淘宝招工海报、培训海报,以及专业化的布景拍摄、街头直播;大量活动节日被"人造"出来,通过线上线下宣传,吸引更多的消费者和商家参与……各种新鲜事物在这里快速出现与迭代。

作为乡村振兴、就地城镇化的发展路径之一,淘宝村现象已经引发社会及学界的广泛关注与研究。本书要回答的问题是:淘宝村为什么会在这一轮信息技术革命中大量涌现?如何认知这一新经济地理现象?淘宝村的蓬勃发展给我国乡村振兴带来了哪些启示与思考?

1.3　本书的理论工具

选取一种理论工具的好处是可以从该视角系统性地、深入地展开研究,但同时也存在极大的风险,因为真实世界的复杂性远超任何一种理论工具可以解释的范围。针对社会科学现象,黄宗智(2015)赞同从经验证据到理论,再返回到经验的认知路径,即汲取前人的多种理论工具,从调查实践出发,与理论相校核,再回到实践认知,从而更好地认知中国实际。本书以淘宝村的具体实践作为考察的出发点,借鉴技术与社会发展、创新经济地理、空间辩证法等相关理论工具,开展案例观察以及解释工作。

1.3.1　技术与社会相互建构

技术在城乡社会历史进程中扮演着重要角色。城市研究泰斗级学者刘易斯·芒福德(Lewis Mumford)和彼得·霍尔(Peter Hall)对此都有精彩的论述和独到的见解。芒福德一生出版专著40多部,涉及城市规划、城市建筑、城市历史、技术史与技术哲学、社会学、生态学等多个领域。其中,《城市发展史:起源、演变和前景》《技术与文明》《机器的神话(上):技术与人类进化》《机器的神话(下):权力五边形》反映了芒福德的技术观。霍尔的《明日之城:1880年以来城市规划与设计的思想史》《城市和区域规划》《文明中的城市》等著作中都有关于技术发展和城市的论述,其中《文明中的城市》相对集中地体现了他的技术思想。

芒福德主张一种开阔的、整体的技术观,反对将技术狭隘地界定为生产工具等实体形态的自然技术。技术既包括自然技术又包括社会技术,既包括工具实体又包括各种社会组织、制度等关系实体(芒福德,2005)。霍尔的技术思想亦一脉相承,并不局限于某个时代某项单一技术。但因为生活年代以及个人经历上的不同,二人对于技术的态度则存在着明显的差异。

芒福德提倡的是小型的、局部的、分散的经验技术。"经验技术来自经验,并随着经验的累积而提高,具有地方性、多样性,适应本地环境"(芒福德,2009)。这样的经验技术与当地环境相互适应,能够提高效率,使人们从中获益。但是工业革命之后的科学与技术的联姻,出现了一种全新类型的技术,即科学的技术,这是一类由科学推导、衍生出来的技术,并能够大规模生产。20世纪是科学的技术全面扩张的时代,芒福德认为当人与技术协调发展的多元技术被以"巨型机器"为代表的科学技术所取代,尽管产生了"机器的神话",但是人沦为机器的奴隶。在经历了两次世界大战之后,芒福德更加表达出对现代技术的失望和担忧,认为必须将现代技术的导向回归人类文明,使其服务于对生态环境和人类的可持续发展。

霍尔生活的年代略晚于芒福德。芒福德反对特大城市无节制的增长,在《城市发展史:起源、演变和前景》中预言特大城市将走向灭亡,但是霍尔生活的年代非但没有看到特大城市的崩溃瓦解,反而见证了特大城市成为全球城市、巨型城市区域的出现以及全球化经济的繁荣。相比芒福德对于工业革命之后"巨技术"的批判态度,霍尔则更多的是从积极和正面的角度,解析技术创新和城市文明之间的关系。

在《文明中的城市》一书中,对于不断涌现的创新型城市,霍尔(2016)摒弃了简单的因果机制讨论,将其放在历史环境背景下,尽可能从多个维度找到技术创新与城市文明的线索。霍尔认为在这些城市兴衰的背后,与技术—经济长波周期规律的影响密不可分,即一种技术经济范式一旦形成,它将在一段较长的时期内影响城市的宏观和微观经济结构的运行。受这一规律的影响,城市的繁荣发展呈现出此消彼长的特点。霍尔同时指出,人类城市文明发展的下一个黄金时代,将以互联网等新技术为物质基础,以新的含有附加值的服务业为支撑,技术与艺术的结合将迸发出新一波的城市创新。

在技术进步与城乡发展的问题上,尽管芒福德和霍尔所持的技术态度不同,但都在不断提醒人们,使用技术的方式在于我们自己。技术进步是一个矛盾体:一方面,消灭工作岗位、工厂,破坏整个工业体系以及生产方式;另一方面,又创造出巨大的新的经济机遇,以解决城市社会出现的棘手问题。技术在它向前发展的道路中会创造出选择和机遇,当面对这些选择和机遇的时候,城市社会要能够决定自己的发展方向(Hall,1998)。

另外,技术社会学派的重要学者乔治·巴萨拉在《技术发展简史》中指出技术不是简单的科学理论的应用,而是一种复杂的社会现象,技术的发展是不断由周围环境来塑造的。平奇等(Pinch et al.,1987)认为技术演进过程就是一个技术形态变化和相关社会群体选择不断交替的过程,寻求理解技术被接纳或拒绝的原因需要依赖社会因素的解释,是社会群体将意义赋予技术,是社会环境塑造人工制品的技术特征。休斯(Hughes,1983)将技术、社会二者的关系看作"无缝之网"和系统构建。吉尔斯(Geels,2004)提出"技术—社会系统"的概念,认为技术、社会变化是一个共同演化的过程,技术发展离不开现实的社会路径依赖与锁定,同时在这个过程中重构社会关系。

技术进步与社会共同演化的理论工具提供了积极的启发意义⑧。本书认为淘宝村的涌现是信息技术与乡村社会共同演化、相互作用的动态过程,技术不是"外在于"社会,而是社会不可分割的一部分,即技术与社会相互建构。另外,社会微观因素对技术发展影响的同时,还需要看到更广义的社会结构、经济力量和政治过程造就了技术的全部发展过程。

1.3.2 创新经济地理

约瑟夫·熊彼特(Joseph Schumpeter)被当代创新经济学者奉为创新研究的鼻祖,他论述了生产和组织技术的变迁对经济社会的深刻重塑和推动作用。在《经济发展理论》一书中,熊彼特(2008)指出经济创新是把一种新的生产要素和生产条件的"新结合"引入生产体系。它包括五种情况:引入一种新产品;引入一种新的生产方法;开辟一个新的市场;获得原材料或半成品的一种新的供应来源;新的组织形式。

现代创新经济学的奠基人之一弗里曼(Freeman)在创新测度、技术长波、科技创新政策、国家创新系统等领域做出了开创性贡献。弗里曼认为创新是新技术和市场的结合,是经济进步的基本条件,也是企业和国家塑造竞争力的关键因素。产业发展动力不只是技术创新,而是技术、组织、产业和政府等多个要素的协同演化。

在《创新的源泉:追循创新公司的足迹》一书中,冯·希普尔(2022)强调创新是由一系列相关参与者共同完成的。他的实证研究揭示了在多个产业中,大量创新事实上是由用户率先做出的,或是由供应商和竞争对手首先做出的。他建议在市场经济体制下,政策工具的根本目标不应是直接作用于个别参与者,而应当是帮助不同的成员克服集体行动的困境,孵化出有利于创新活动的互动机制。

创新经济地理与空间地理集聚(agglomeration),或者说空间集群(cluster)的关系密切(王缉慈等,2010)。19世纪末,马歇尔(Marshall)的经济区理论被认为是新古典经济学的集大成者,对产业集聚现象进行了较为全面的阐述。以波特(Porter)、克鲁格曼(Krugman)等为代表的学者研究发现,企业倾向于在特定区位集聚,不同的相关活动集聚在不同地方,地理集中促进创新。集聚体中密集的投入品供应商网络的存在,会降低新创意的实现成本,从而促进创新。1977年,以克鲁格曼为代表的经济学家将规模收益递增与不完全竞争市场结构一起纳入均衡模型中,空间开始作为一个核心要素纳入主流经济学研究的框架。梁琦(2009)提出"分工—集聚—增长"理论链,指出分工是集聚的根本源泉,集聚是分工的空间组织形态,集聚促进增长,而外部性和报酬递增是分工与集聚之间的联系纽带。

克鲁格曼等人的空间经济学唤起了经济学家对空间的思考和重视。传统经济学假设空间是同质的、中性的,运输成本对空间的作用较大;经济地理学则认为空间是真实的、异质的,各种环境下行为体具有路径依赖的特征(贺灿飞,2021)。在《全球性转变:重塑21世纪的全球经济地图》一书中,迪肯(2007)认为经济组织的动态演化往往会形成新的经济地理现象,全球经济地理结构将不断重构和更新。对这种现象的理解和扩展视野十分重要,可以指引、实现区域可持续发展和提升综合竞争力,同时促进全球经济结构平衡和互相支持的效果。

基于互联网趋势的理解,凯利(2014)认为我们的世界正向一个崭新的高度科技化的全球经济体转型,大量的创新都与平台经济有关。新的经济机制服从于网络逻辑。网络经济效应同时具有规模经济、范围经济和长尾经济特征。电子商务销售改变了传统零售行业,可以使商品的采购成本、库存成本、流通成本中的某些趋近于零,实现原本只存在于理想模型中的长尾经济。

综上,创新经济地理研究认为创新是新技术和市场的结合,是经济进步的基本条件,也是企业和国家塑造竞争力的关键因素。产业发展动力不只是技术创新,而是技术、组织、产业和政府等多个要素的协同演化。分工与空间集聚会促进创新和经济增长。

1.3.3 空间辩证法

空间辩证法将空间作为独立的观测变量,强调空间本身对于人的生活福祉的重要性,而不仅是将空间视为社会经济生活的附属"容器"。早在100多年前,霍华德(2010)在《明日的田园城市》中就提出"城市—乡村磁体"的乌托邦式畅想,期望实现将城市和乡村生活整合在一起的健康、自然和经济节约的新的人类社区。

列斐伏尔(2021)在其代表作《空间的生产》一书中认为空间是社会生产的过程,也是一个社会关系的重组与社会秩序实践性建构的过程,并提出空间三元辩证的思想:一是物质空间,指向物质性,包含构成日常生活的"路径"和"网络",涵盖了建成环境和物质生产过程,是具象的、物质化的空间实践。二是象征空间,人为建构的想象空间充斥着意识形态、权力和知识。空间的符号想象包括标识、符号、编码和知识等,在塑造社会生活的空间性时扮演重要的角色。三是社会空间,表达了社会准则、价值观和经验。在三元空间的基础上,列斐伏尔强调空间三元的同时性和统一性。三元空间并非各自独立存在,而是"不断变化并具有独立特征的相互关联",是"社会—空间"辩证统一的具体体现。

哈维(Harvey,1985)试图弥合马克思与列斐伏尔两者之间的断裂,从空间政治经济学的视角提出"资本三重循环"模型,把空间的生产地理学表述为"资本主义地理景观生产",深刻剖析了资本主义空间生产。

索杰(2005)在列斐伏尔的基础上,基于对现实的观察和历史分析方法,在《第三空间:去往洛杉矶和其他真实和想象地方的旅程》一书中对洛杉矶这一后现代大都市复杂的空间现象进行了多维度的审视与论述。分散化的洛杉矶呈现出与工业时代城市的显著差异,索杰对"第三空间"(third space)进行了新的解释,认为"第三空间"的重要性在于其向人们展示了空间的复杂性。因为生活世界构成无限,"第三空间"应该保持开放姿态,而不应该被固化在某个范围内讨论,同时也需要保持批判与思考的态度。

卡斯特(2006)在《网络社会的崛起》一书中基于对互联网兴起的纷繁复杂的现象与资料的归纳,指出在信息与通信技术(ICT)作用下传统空间性的转向,新的流动逻辑正变得越来越重要,提出了经典的流空间三个层次。同时卡斯特还指出,尽管流动性的控制力日益强大,但不能忽视"日常的空间实践"而失去对现实的关照。未来是什么样的,在很大程度上取决于如何把握空间(地方)的过去和现在。

本书将淘宝村现象看作信息技术与乡村社会共同演化、相互作用的过程和结果,并将信息与通信技术(ICT)—行动者嵌入空间辩证法的讨论,解释淘宝村现象。空间三元辩证本质上是从不同角度对同一空间进行动态、发展、联系的思考。行动者包含多元行动主体与利益相关者。在信息与通信技术(ICT)—行动者的作用下,催生了新的空间使用模式及新的空间需求,新的空间生产又反过来影响信息与通信技术(ICT)—行动者的演化,形成新的行动与文化认同。这里把信息与通信技术(ICT)—行动者嵌入空间三元看作一种动态演化的过程,不是仅单个事件或驱动因素引起的,而是多个要素多种驱动力量的作用结果。

(1)物质性的空间生产:当新技术被行动者广泛采纳并显著提高生产效率时,新的空间生产和社会再生产现象再次出现。信息技术促进网络化的经济组织有效沟通,有利于形成更广泛的社会化分工协同的空间现象。

(2)象征性的空间生产:在这一视角下,空间是一种思想性和观念性的领域。信息时代新的空间生产表征着信息与通信技术(ICT)—行动者的集体认同,而互联网多元文化、多元价值属性也在浮现过程中。

(3)社会性的空间生产:空间组织是一种社会的产物,产生于有目的的社会实践。同时,真实世界的空间又受到各种制约,呈现出复杂性和矛盾性。

1.4 本书的章节安排

本书共分为三个部分,共 9 章。第一部分是理论研究部分,包括三章。第 1 章是导言部分,交代了本书的研究背景、研究问题、观察视角及理论工具。第 2 章和第 3 章分别从技术演进和政策环境两个角度,对淘宝村涌现的背景及发展历程进行了透视与解读。

第二部分是实证研究部分,包括五章。这部分研究建立在笔者 2016—2018 年深入一线的调查工作基础上,后续又做了一些补充调研,深入剖析了苏南地区的淘宝村实践。第 4 章交代了调查区域——江苏省淘宝村 10 多年来发展的基本情况;第 5 章至第 7 章每章各研究了一个典型的淘宝村案例,包含了农产品型、手工产品型和工业产品型三种不同类型的淘宝村;第 8 章从对淘宝村个案的观察扩展至更大地理范围的淘宝村集群的考察。

第三部分是全书的结论章,进一步总结全书观点与思考。

本书将淘宝村现象放在技术与社会发展历史进程中考察,从多学科视野进行观察分析,研究结论对于理解中国淘宝村现象的涌现和演进过程具有积极意义,对我国乡村振兴建设具有一定的启发价值。

第 1 章注释

① 参见中国日报网《ChatGPT 会改变什么?》。
② 七家平台企业分别是苹果(Apple)、微软(Microsoft)、亚马逊(Amazon)、字母表(Alphabet)、脸书(Facebook)、腾讯和阿里巴巴。
③ 参见新浪财经头条《平台经济:大势所趋 行稳致远》。
④ 参见中华人民共和国商务部《中国电子商务报告(2022)》。
⑤ 根据阿里研究院公布的标准,在农村地区,以行政村为单元,电子商务年销售额达到 1 000 万元,本村活跃网店数量达到 100 家或当地家庭户数的 10%,被认定为淘宝村。
⑥ 参见《中国淘宝村研究报告(2009—2019)》。
⑦ 参见《光明日报》。2020 年至 2021 年初,共有 110 位市长、县长走进"县长来直播"直播间,帮助销售农产品 1.23 亿元,其中 6 819 万元来自贫困县。
⑧ 避免陷入技术决定论,片面地夸大技术的力量、技术推动社会变革,但技术并不是社会变革的唯一决定力量。技术影响社会不是一个简单的单向过程,一旦得到发展和贯彻执行,技术就不仅会对它们的环境产生反应以产生新的技术形式,而且也会产生新的环境。这是一个反复的或螺旋前进的过程,通过一系列有关的和受到影响的社会因素之间的相互作用而发生。

第 1 章参考文献

巴蒂,2019. 新城市科学[M]. 刘朝晖,吕荟,译. 北京:中信出版社.

巴蒂,2020.创造未来城市[M].徐蜀辰,陈珝怡,译.北京:中信出版社.

巴萨拉,2000.技术发展简史[M].周光发,译.上海:复旦大学出版社.

迪肯,2007.全球性转变:重塑21世纪的全球经济地图[M].刘卫东,等译.北京:商务印书馆.

冯·希普尔,2022.创新的源泉:追循创新公司的足迹[M].柳卸林,陈道斌,等译.上海:东方出版中心.

弗里曼,苏特,2022.产业创新经济学[M].华宏勋,华宏慈,等译.上海:东方出版中心.

郭红东,曲江,2020.直播带货助农的可持续发展研究[J].人民论坛(20):74-76.

哈维,2003.后现代的状况:对文化变迁之缘起的探究[M].阎嘉,译.北京:商务印书馆.

贺灿飞,2021.高级经济地理学[M].北京:商务印书馆.

黄宗智,2015.中国乡村研究:第十二辑[M].福州:福建教育出版社.

霍尔,2016.文明中的城市[M].王志章,等译.北京:商务印书馆.

霍华德,2010.明日的田园城市[M].金经元,译.北京:商务印书馆.

卡斯特,2006.网络社会的崛起[M].夏铸九,王志弘,等译.北京:社会科学文献出版社.

凯利,2014.新经济 新规则[M].刘仲涛,康欣叶,侯煜,译.北京:电子工业出版社.

梁琦,2009.分工、集聚与增长[M].北京:商务印书馆.

列斐伏尔,2021.空间的生产[M].刘怀玉,等译.北京:商务印书馆.

芒福德,2005.城市发展史:起源、演变和前景[M].宋俊岭,倪文彦,译.北京:中国建筑工业出版社.

芒福德,2009.技术与文明[M].陈允明,王克仁,李华山,译.北京:中国建筑工业出版社.

索杰,2005.第三空间:去往洛杉矶和其他真实和想象地方的旅程[M].陆扬,等译.上海:上海教育出版社.

王缉慈,等,2010.超越集群:中国产业集群的理论探索[M].北京:科学出版社.

熊彼特,2008.经济发展理论[M].孔伟艳,朱攀峰,娄季芳,译.北京:北京出版社.

CASTELLS M,1996. The rise of the network society[M]. Oxford:Blackwell.

GEELS F W,2004. From sectoral systems of innovation to socio-technical systems:insights about dynamics and change from sociology and institutional theory[J]. Research policy,33(6-7):897-920.

HALL P,1998. Cities in civilization[M]. New York:Pantheon.

HARVEY D,1985. The urbanization of capital:studies in the history and theory of capitalist urbanization[M]. Baltimore:Johns Hopkins University Press.

HUGHES T P,1983. Networks of power,electrification in western society,1880—1930[M]. Baltimore:Johns Hopkins University Press.

PINCH T J,BIJKER W E,1987. The social construction of facts and artifacts:or how the sociology of science and the sociology of technology might benefit each other[M]//BIJKER W E,HUGHES T P,PINCH T. The social construction of technological systems:new directions in the sociology and history of technology. Cambridge:The MIT Press:17-50.

2 信息技术革命与平台经济

在信息技术时代,数据成为一种重要的生产资料,数据和算法让平台经济获得了巨大的成功。平台经济的演化不再是某项技术的单点突破,而是整个系统的协同进化。

淘宝村的涌现与信息技术革命和平台经济的发展紧密相关。淘宝村与以阿里巴巴集团旗下的淘宝平台(简称"阿里集团淘宝平台")为主的电商平台形成了复杂演化的电商生态共同体。

2.1 信息技术革命与生产组织方式的演进

工业革命和生产组织方式的变化一直是重要的研究领域,经济学家对此多有著述。历次工业革命改变了人类社会的生产与生活方式,在世界范围内形成了新的生产力分布格局与新型生产关系。从18世纪末至今,世界范围内相继出现了三次工业革命,在技术—经济范式作用下,世界经济增长也经历了高速增长的阶段。第一次工业革命发端于18世纪中叶的英国纺织业,随后的100年里,工业革命改变了所有既有行业,并催生了更多的新技术,如蒸汽机、机床、炼钢、铁路等。19世纪末期,流水线作业和电力的使用引发了第二次工业革命。20世纪20年代,人类进入汽车和大规模生产时代。当前,信息与通信技术的发展带来了第三次工业革命。

2.1.1 信息技术革命

20世纪50年代左右,信息论和数字计算出现革命性突破,成为第三次工业革命(信息技术革命)的核心技术,人类进入信息时代和知识社会。美国未来学家杰里米·里夫金(Jeremy Rifkin)和英国《经济学人》(*The Economist*)杂志的保罗·麦基里(Paul Markillie)先后从新能源革命和低碳经济视角,以及制造业智能化革命的角度提出对第三次工业革命的理解。

里夫金(2012)在《第三次工业革命:新经济模式如何改变世界》一书中认为,第三次工业革命是以可再生能源的生产、转换、存储、使用方式的革新引发的能源互联网革命为基本特征。麦基里在 2012 年发表的《制造和创新:第三次工业革命》报告中指出,第三次工业革命主要体现为制造业的智能化、数字化、网络化以及新软件、新工艺、机器人、网络服务的陆续普及。

韩江波(2017)在对麦克劳(McCraw)和布莱尔(Blair)等、图什曼(Tushman)和钱德勒(Chandler)、佩雷斯(Perez)、贾根良等学者研究成果的基础上,对三次工业革命与六次技术革命浪潮以及相关的生产方式、主导产业、主导技术体系的划分见表 2-1。

2.1.2 主要的生产组织方式演进

新的生产组织方式与新的生产力相适应。生产组织方式在人类社会不同时期有各自的主导形态。人类社会进程中主要的经济生产组织方式如下:

1) 手工生产方式

农耕时代,手工业开始萌芽,家庭是基本生产组织。这个阶段的手工业主要集中在纺织、陶瓷、金属加工等领域。由地理大发现开启的世界市场进程,造就了空前繁荣的商品经济,孕育出雇佣劳动、简单协作的手工工场。随着世界市场的进一步形成,生产按照资本逻辑被高效地组织起来,简单协作的手工工场演化成以分工为基础的手工工场。

2) 机器化生产方式

工业革命之后,消费与生产的持续扩张,以机器大工业为基础的工厂组织逐渐形成。科层制的工厂管理体制也建立起来。在此基础上,固定资本的大规模投入,推动生产过程进一步标准化、专业化、自动化,催生出以流水线作业和泰勒(Taylor)科层管理为特征的福特制(Ford)生产组织。大规模生产具有专业化、标准化的特点,可以高效利用生产的规模经济,减少生产成本,提高产品的标准化程度。

3) 精益生产与定制化方式

丰田(Toyota)汽车的生产组织是精益生产的典型代表。第二次世界大战后,日本根据其资源储备不足、消费市场狭小的特点,将供给导向的福特制生产组织改造为需求管理、即时生产的丰田制"精益生产"组织,将大规模标准化生产转换为多品种小批量生产。

20 世纪 70 年代信息与通信技术革命出现,信息技术与"精益生产"有机结合起来,在 20 世纪 90 年代演化为以大规模定制和网络化组织结构为特征的后福特制生产组织,即在信息与通信技术的作用下,生产过程的各个模块按照资本逻辑在不同时空中再配置。模块标准化成为生产过程结合的基准,以此协调和控制多个生产组织围绕产品生产建立协作网络。至此,以全球生产网络为组织特征的新型国际分工体系形成。

表2-1 历次工业革命的主导技术、主导产业与生产方式

工业革命	第一次工业革命:18世纪后期至19世纪初	第二次工业革命:19世纪中期至20世纪初	第三次工业革命:20世纪中期至20世纪末	第四次工业革命:21世纪初以来
技术革命	第一次技术革命浪潮	第二次技术革命浪潮	第三次技术革命浪潮	第四次技术革命浪潮	第五次技术革命浪潮	第六次技术革命浪潮
产业革命	蒸汽和铁路时代	电力和重化工业时代	汽车和大规模生产时代	信息和远程通信时代	智能工业化时代
重大突破	世界上第一个水力棉纺纱厂在英国克罗福德开办(1771年)	蒸汽动力机车在英国利物浦到曼彻斯特的铁路上试验成功(1829年)	卡内基酸性转炉钢厂在美国宾夕法尼亚的匹兹堡开工(1875年)	第一辆T型车在美国密歇根州底特律的福特工厂出产(1908年)	在美国加利福尼亚州的圣克拉拉,英特尔(Intel)的微处理器问世(1971年)	移动互联网、云计算、大数据、工业机器人、信息物理系统、可再生能源、石墨烯
基础设施	运河、收费公路、轮船	铁路、电报、蒸汽船	钢轨、电报、钢制舰船	高速公路、机场、无线电	信息高速公路(互联网)	物联网、智能电网、通信基础设施
关键要素	生铁、棉、煤	铁矿、煤	钢铁、电力	石油、天然气	芯片、信息	数据、可再生能源
核心国家或地区	英国	从英国扩散到欧洲其他国家、美国	美国和德国赶超英国	从美国扩散到欧洲地区	从美国扩散到欧亚地区	中国、美国、德国、日本等
技术—经济范式	机器生产,工厂,分工协作	蒸汽动力,公司化运作	企业研发实验室,金融资本集中	流水线,寡头竞争,纵向一体化	柔性制造,控制网络化等	网络化、智能化、融合,线上线下融合、定制化等
主导技术体系	机械、水力等相关技术	蒸汽机、煤炭、铁路等技术	钢铁、电力、电机、电话等技术	石化、内燃机、汽车等相关技术	微电子、计算机,信息与通信网络化等	移动互联网、云计算、大数据、人工智能等技术
核心突破	初步实现规模化、机械化生产和过程控制	工厂选址灵活,规模扩大,运输成本下降	工程材料强度和耐用性大大提高	解决批量生产中的不连续对生产规模的限制	柔性生产;降低能源材料消耗速度	增加消费剩余;社会闲置资源;提高经济运行效率
生产方式	从简单管理、物质生产→注重提高产品质量,集中管理,规模经济	福特式大批量生产;大规模定制的制造与服务模块化	模块化网络生产体系,智能化,网络化集成;数字化,网络协同等	智能制造、智能机械,新能源、智能机械,生物医药
主导产业	纺织、冶炼、钢铁、家用电器等产业	重化工业、电气、汽车、精细化工等产业	集成电路、微电子等高技术产业	智能机械、新能源、生物医药

4) 平台经济组织方式

区别于以往的经济组织方式,平台经济(platform economics)可以追溯到20世纪90年代初期的电子商务发展。1995年美国亚马逊(Amazon)公司创立,标志着电商平台开始走向商业化。同年,易贝(eBay)公司成立,让人们可以在网上交易商品。随着2010年前后移动互联网的发展与普及,平台经济在我国迎来了高速发展时期。

如何理解新的平台经济?目前主流研究认为,平台经济是一种基于数字技术,由数据驱动、平台支撑、网络协同的经济活动单元所构成的新经济系统,是基于数字平台的各种经济关系的总称。作为适应数字技术体系的资本积累和社会生产与再生产的新组织形式,平台经济以数据采集、算力和数据处理算法为基础,以数字平台为核心,可以跨时空集成生产、分配、交换与消费活动的信息,促进社会生产与再生产过程顺利进行。

平台经济是互联网和移动互联网发展的产物,具有巨大的规模效应和网络效应。数字技术体系使得不同地域和部门中具有相似逻辑的经济活动,都集成到同一数字平台上进行。这意味着,同一套硬件、软件和管理组织取代了原来分散的经济组织,用户的增加意味着初始投入成本的直接摊薄,即具有供给方的规模效应。由于数字技术的高度抽象性和流动性,地理时空界限和企业内部管理能力局限,对数字平台供给方规模效应的作用范围所施加的上限,远高于传统工业和商业企业。

早期平台经济功能较为简单,按照商业模式分类可以分为商业对商业(Business to Business,B2B)、商业对消费者(Business to Consumer,B2C)、消费者对消费者(Consumer to Consumer,C2C)、消费者对企业(Consumer to Business,C2B)平台等。但是随着平台经济的发展,平台的功能和商业模式越来越复杂,同一平台可能包含多种功能,多种类型的参与者,简单的商业对商业(B2B)、商业对消费者(B2C)等分类模式已经不能反映平台企业的特点了(魏江等,2021)。2021年10月,国家市场监督管理总局发布的《互联网平台分类分级指南(征求意见稿)》将互联网平台按照连接属性和主要功能分为六大类。表2-2列出了我国互联网平台分类情况。

表2-2 我国互联网平台分类情况

平台类别	连接属性	主要功能
网络销售类平台	连接人与商品	交易功能
生活服务类平台	连接人与服务	服务功能
社交娱乐类平台	连接人与人	社交娱乐功能
信息咨询类平台	连接人与信息	信息咨询功能
金融服务类平台	连接人与资金	融资功能
计算应用类平台	连接人与计算能力	网络计算功能

国家市场监督管理总局按照市值(估值)和用户规模将我国目前的平

台市场分为超级平台、大型平台①和中小平台。其中,有 5 家超级平台企业和 18 家大型平台企业。表 2-3 至表 2-5 分别列出了我国超级平台企业、大型平台企业用户规模及市值(估值),我国平台百强企业三个梯队比较分析,以及拥有 3 种及以上平台类别的企业。

表 2-3 我国超级平台企业、大型平台企业用户规模及市值(估值)

类型	序号	企业	总部	主营业务	用户规模/万人	市值(估值)/亿元
超级平台	1	腾讯	深圳市	社交、游戏、视频、资讯等	102 403	35 137.49
	2	阿里巴巴	杭州市	电商、金融、企业服务等	81 257	19 969.76
	3	美团	北京市	外卖、餐饮、酒旅、出行等	63 000	11 648.79
	4	字节跳动	北京市	视频、资讯、游戏	77 996	11 520.00(估值)
	5	蚂蚁金服	杭州市	金融	82 000	10 560.00(估值)
大型平台	6	京东	北京市	电商、物流	47 190	7 824.93
	7	拼多多	上海市	电商	49 905	4 348.78
	8	小米	北京市	物联网	10 043	3 903.24
	9	百度	北京市	生活服务、信息资讯、计算应用	83 852	3 066.73
	10	快手	北京市	短视频	53 617	2 716.45
	11	钉钉	杭州市	企业服务	40 000	1 920.00(估值)
	12	阿里本地生活	杭州市	生活服务	7 615	1 920.00(估值)
	13	哈啰出行	上海市	出行	40 000	1 920.00(估值)
	14	滴滴出行	北京市	出行	37 700	1 866.06
	15	京东数科	北京市	金融、计算服务	5 780	1 828.50(估值)
	16	菜鸟网络	杭州市	物流	30 000	1 775.20(估值)
	17	京东健康	北京市	在线医疗	10 900	1 607.59
	18	哔哩哔哩	上海市	视频	26 700	1 362.33
	19	京东物流	北京市	物流	11 000	1 270.51
	20	科大讯飞	合肥市	智能软硬件	14 052	1 213.53
	21	金山办公	北京市	软件服务	50 100	1 152.41
	22	携程网	上海市	酒旅	13 500	1 009.88
	23	微众银行	深圳市	金融	27 000	1 005.70(估值)

注:用户规模的统计时间为 2021 年 12 月。市值的统计时间为 2021 年 12 月 6 日,部分企业市值为美元计价,均按照 1 美元对 6.4 元人民币的汇率转换为人民币计价,下同。在我国互联网百强企业中,阿里云、东方财富、贝壳、猿辅导、用友网络这 5 家企业的市值(估值)也超过 1 000 亿元,但由于用户规模未达到 5 000 万人,不计入大型平台企业,而只能计入中小平台企业。

表 2-4　我国互联网百强企业三个梯队比较分析

梯队	已上市企业数量/家	未上市企业数量/家	企业总数量/家	总市值/亿元	总市值占比/%
超级平台企业	3	2	5	88 836.04	51.70
大型平台企业	12	6	18	41 711.93	24.28
中小平台企业	46	31	77	41 280.70	24.02
合计	61	39	100	171 828.67	100.00

表 2-5　拥有三种以上平台类别的企业

企业名称	市值(估值)/亿元	所涉平台类别					
		网络销售	生活服务	社交娱乐	信息资讯	金融服务	计算应用
腾讯	35 137.49	√	√	√	√	√	√
阿里巴巴	19 969.76	√	√	√	√		
美团	11 648.79	√	√			√	
百度	3 066.73			√	√		√

注：阿里巴巴的金融服务业务被并入蚂蚁金服中，计算应用业务被归入阿里云。百度也有金融服务业务，但已经由另行成立的度小满金融进行独立管理。

2.2　平台经济出现的三种解释

平台经济为什么会在信息技术革命中崛起？国内外相关文献呈快速增长态势，平台经济及平台型组织研究正在形成一股研究热潮。综合不同学者的研究，主要有以下几种解释：第一种解释是从信息技术革命的角度出发，强调数据这一新的重要生产资料以及新的生产力出现，促使平台经济成为一种先进的经济组织方式；第二种是从外部经济环境压力与消费的变化，对平台经济的出现进行解释；第三种主要来自制度经济学的解释。本节将具体阐述。

2.2.1　数据成为一种新的生成资料

斯尔尼塞克在《平台经济》一书中认为，数据是平台经济崛起最重要的生产资料。斯尔尼塞克主要受到马克思关于生产资料论述的启发。在《1861—1863年经济学手稿》中，马克思就曾提出，"与劳动材料不同的劳动资料不仅包括生产工具，即从最简单的工具或容器到最发达的机器体系，同时也包括物的条件，没有这些条件，劳动过程就根本不可能进行……它们不直接加入劳动过程，但没有它们，劳动过程就不可能进行，因而它们是必要的劳动资料"。在《资本论》中，马克思再次强调劳动过程正常进行所需要的一切不以人的意志为转移的客观条件,都属于生产资料范畴。数据本质是记录信息的载体。数据作为互联网时代新的生产资料,日益重要。

斯尔尼塞克(2018)给出数据作为一种生产资料的两个理由:一是数据是某种材料介质,是一种物质性的生产资料。数据也需要记录。作为一个记录的实体,任何数据都需要传感器来捕获它,并使用海量存储系统进行维护。因此数据也是某种材料介质,是一种物质性的生产资料。二是数据是一种被提取、被精炼并以各种方式被使用的物质。鉴于记录和使用数据的显著优势以及竞争压力,这种原材料不可避免地将会代表一种有待提取的巨大新资源。

陈光华(2021)认为从农业经济时代、工业经济时代到知识经济时代,知识、技术、管理、数据等细分的生产要素被逐步从传统生产要素中剥离出来,并作为独立的生产要素而存在。徐翔(2021)将数据理解为数据资本,在生产过程中既可以直接作为生产性投入进入生产过程,也对于社会生产活动有突出的间接影响和溢出效应。数据可以在需求发现、研发环节、采购环节、生产环节、营销环节和售后环节[②]等不同生产环节中发挥重要的作用(图2-1)。表2-6列出了理论上数据在生产各环节中的作用。

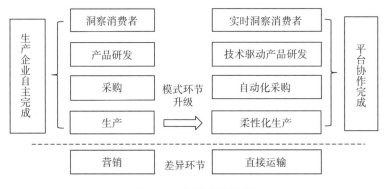

图 2-1 数据驱动创新

在阿里集团淘宝平台的商业实践中,阿里大数据专家车品觉(2016)指出,电商是一个伴随数据而生的行业,电商平台会产生海量的电商数据信息,有物流信息、供应链信息、点击流量、购买信息等等。阿里平台大数据提取的目的是还原消费者的真实需求,在这个过程中,数据发挥着极为重要的作用,这些价值可以归纳为关联价值、描述价值、历史行为与预测价值,以及新的数据价值。例如,通过行业排名、市场份额等数据信息,网店可以了解自身所处的地位,目标客户的需求信息,同类产品的市场需求偏好,热销商品的款式、风格,从而对自身商品进行及时调整,适应行业竞争与客群需求。或是通过数据分析了解同行业的竞争格局,对标商家或竞争对手的产品定位,从而及时调整自身的发展策略,有针对性地进行新产品研发,进而形成错位发展,避免同质化竞争。表2-7列出了数据在电商平台上发挥的作用。

表 2-6 理论上数据在生产各环节中的作用

生产环节	数据作用	实现方式
需求发现	数据分析可以发现消费需求。通过分析消费者行为和市场趋势,帮助企业识别潜在需求	(1) 数据采集和传递:以各种智能传感器网络和搭载其上的软件系统为基础,使得将现实物理世界中越来越多种的信息,标准化为海量的二进制可编程数字信息。数字技术体系通过记录生产、分配、交换与消费活动而产生的数据,可以被一般性地用于生产过程的改良,通过技术革新促进劳动生产率的提高;数据可以被低成本或零成本地无限复制、被多个主体同时使用 (2) 长尾效应:规模化供给解决定制化需求。如何应对高度碎片化、个性化的需求,并对各种新的需求做出实时、精准、科学的响应是产业互联网需要解决的核心问题 (3) 智能决策、生产协同:供应链的"牛鞭效应" (4) 协同创新:由于模块化和互联网技术的广泛应用,在企业发生的成本中,设计成本和沟通成本两个部分会显著降低,从而让从单纯依靠生产者创新,拓展至用户创新和开放式协作创新,平台使其成为现实
研发环节	数据可以帮助企业进行产品研发或技术创新。通过分析市场需求、竞争状况和技术趋势等数据,企业可以研发出更符合市场消费者需求和更具有差异化的产品和服务	
采购环节	数据可以被用来标准化和优化采购流程。通过收集大量的市场数据和供应商信息,企业可以在采购过程中优化采购周期和采购成本等方面	
生产环节	数据可以被用来优化生产流程和加快生产速度。通过监控和分析各种生产数据,如供应链、库存和质量控制数据,生产环节可以更好地了解产品性能,从而制订更有效的生产计划	
营销环节	数据可以更有效地营销产品和服务。通过识别潜在客户、分析竞争关系和评估市场营销策略的效果,企业可以做出更好的营销决策,达到最大的营销效果	
售后环节	数据可以了解客户使用产品的情况和满意度。通过分析各种售后数据,如客户服务请求、退货数据等,企业可以更好地了解产品的使用情况和客户满意度,从而进一步改善产品质量和优化服务	

注:美国著名的供应链管理专家李效良(Hau L. Lee)对需求信息扭曲在供应链中传递的现象进行了深入的研究,并提出了"需求变异加速放大原理",即"牛鞭效应"(bullwhip effect)。"牛鞭效应"产生的原因是需求信息在沿着供应链传递的过程中被不断曲解。

表 2-7 数据在电商平台上发挥的作用

数据用途	具体发挥的作用
流量分析	(1) 推广分析:通过对渠道花费金额、页面点击数等数据进行分析,分析不同的流量来源以及获客成本,最终找到高性价比的推广渠道 (2) 内容分析:分析各内容的流量来源及相关运营效果 (3) 页面分析:通过对当前页面的流量来源及去向分布进行详细的分析,关注页面热力重点,为店铺装修指导提供依据
销售分析	(1) 转化分析:对于订单转化情况,针对交易环节进行分析,找到转化情况跟哪些因素有关,指导改进的方向 (2) 异常参考分析:根据销售活动订单形成的问题为参考项,优化活动流程

续表 2-7

数据用途	具体发挥的作用
商品分析	（1）属性：包括产品线、产品结构、产品类目，针对不同商品属性，指导商品合理搭配相对应的活动 （2）选品：针对销售业绩目标及产品备货情况进行产品定价、上下架等选品分析 （3）备货：监控、分析商品备货情况，配合活动制定销售策略
活动分析	（1）基于历史活动数据进行分析，结合活动目标及预算，为本次活动营销计划的制订提供参考依据 （2）通过对流量情况、销售情况、商品情况三个维度的活动过程进行监控，了解商品的库存是否满足需求以便线上运营人员及时优化运营计划 （3）统计活动的所有花费，计算投入产出比，衡量活动的价值，并为下一次活动的改进提供优化参考

2.2.2 外部经济环境压力与消费的变化

进入 21 世纪，全球经济环境呈现出日益复杂性和不确定性。从外部经济环境与消费需求出发，一些学者认为平台经济的出现是经济环境发生巨变的结果。

从外部经济环境压力来看，全球市场竞争更加激烈，新一轮科技革命和产业变革推动生产方式、社会结构和生活方式发生深刻变化，在塑造世界政治经济格局、改变国家力量对比方面的决定性作用愈加凸显（图 2-2）。与此同时，当前经济全球化遭遇逆流，保护主义、单边主义上升，国际贸易投资持续低迷，全球产业链、供应链、价值链受到非经济因素的严重冲击③。传统产业分工模式不能满足消费者多元化的需求和市场快速变化的需求。这就需要更加灵活的经济组织形式，提升反应力、敏捷

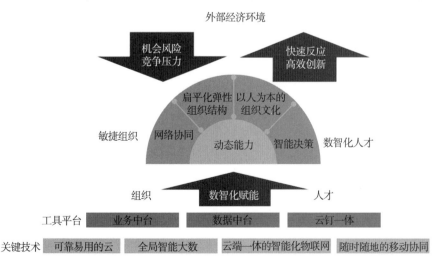

图 2-2 外部经济环境压力引发的经济组织变化

度,构建动态能力。平台经济利用信息与通信技术整合各种社会资源和产业链,加强供应链上下游的协同作用和交互作用,满足快速多变的市场需求。随着平台经济的数字能力不断增强,许多线下企业也加入了平台经济,促进了传统产业的数字化转型和智能化升级。

从消费者和消费趋势来看,科尔曼等(2021)观察到过去 20 年,消费者率先完成了自我的数字化转型。在移动互联网时代,智能手机的使用、活跃的社交网络、更低的价格且更快的速度,以满足消费者的需求,使得这一轮技术—经济转型区别于之前的转型,更多地始于消费侧,而不是供给侧。同时,随着我国发展阶段的变化,居民消费需求已经逐渐从注重数量转向追求质量,从生存型消费转向发展型消费,从以物质型消费为主转向以服务型消费为主。2021 年我国人均国内生产总值(Gross Domestic Product,GDP)已经达到 12 551 美元,超过世界人均国内生产总值(GDP)水平,接近世界银行发布的高收入国家门槛值。作为经济发展最重要的内生动力,消费反映了人民对美好生活的向往和追求。以下两种消费特征变化越来越明显:

(1)大众消费走向分众消费。消费者越来越倾向于购买能够满足自己个性化需求的产品和服务。商品被重新定义,不仅要具备功能性、实用性、耐用性等基本属性,而且要输出文化、价值观、生活方式,具备独特的风格(杨家诚,2019)。这一趋势也促进了各种定制服务的出现。传统产业存在十分突出的复制性特点,大众所获得的产品都是标准化的,所以存在很强的同质性。而在互联网时代背景下,为了满足各种消费水平的消费者需求,产品类型快速增加,同时还进行了分化,带来了更加细化的、异质化的消费模式。

(2)线下消费走向线上消费。在传统的产品消费中,消费需要有特定的地点与时间。而手机移动终端的不断发展与广泛应用,消费的时间、空间不再受到限制,几乎可以无限扩展。李杰等(2021)研究了电子商务环境下的消费者认知与行为,认为电子商务的出现改变了消费者的购物习惯。电子商务环境下的在线评论、购物节、冲动购物、网上投诉等都是平台经济所独有的新现象和新问题,对消费者的购买决策和行为有重要影响。

综上,复杂多变的全球经济环境因素驱动企业进行快速反应,实行专业化分工,通过价值链进行合作,创新发展新模式和新应用,产生空间的转移、组织的变革,开展多种风险的控制,从而催生平台和平台经济的发展(阿里研究院,2016a)。

2.2.3 制度经济学的解释

不同于主流经济学关注由个人之间的行动构成的市场交换,制度经济学关注经济体制的演化以及制度变革的过程,通过研究不同的制度安排和激励机制来帮助理解经济行为。制度经济学强调制度对经济发展的重要作用,将经济制度作为一个整体,包括法律、规则、习惯、社会信任、机构和组织等因素,认为这些因素会影响经济的效率和稳定性,进而影响经济的发展和变革。

2014年荣获诺贝尔经济学奖的让·梯若尔做出有关双边市场平台的开创性研究,平台被视为同时连接两类客户(经济活动群体)的双边市场,是双边市场交易互动的媒介(Rochet et al.,2003)。其中一个关键结论是,因为价格结构可促使外部性内部化,所以各个市场的价格水平并不遵从传统的定价模式,即通过边际成本等于边际收益来确定最优价格。在双边市场的市场竞争中,由于规模效应的存在,市场存在集中的趋势。梯若尔首次将规范的经学方法带入了平台研究,将平台经济特征中最为本质的规律和成果以简洁的经济学模型语言表达出来。

陈光华(2021)认为,平台作为一种制度安排形式,可以有效降低交易费用,激发正的网络外部性。魏江等(2021)认为,对于平台企业来说,这两类客户(经济活动群体)都是其用户,平台扮演着中介的角色,促进了两组经济活动群体的相互作用,但是随着平台的扩张,平台上的参与者不再只有两组经济活动群体,更多不同角色的经济活动群体加入平台,进行价值共创,逐渐形成了多边市场。平台成为一个能够支持供应链里各种角色自组织协作的数字基础设施。从制度经济学角度来看,平台经济是以互联网等现代信息技术为基础,能更快地匹配需求方的需求和服务方的供给,依靠更智能的算法和复杂的评价体系把握商机,基于平台向多边主体提供差异化服务,整合多主体资源和关系,从而创造价值,使多主体利益最大化的一种新型经济(叶秀敏,2016)。

表2-8对平台经济出现的三种主要解释进行了总结。

表2-8 平台经济出现的三种主要解释

三种解释	主要观点	解释视角
数据成为一种新的生成资料	(1) 数据也是某种材料介质,是一种物质性的生产资料 (2) 数据是一种被提取、被精炼并以各种方式被使用的物质 (3) 数据在需求发现、研发环节、采购环节、生产环节、营销环节和售后环节等不同生产环节中发挥重要的作用	推动生产力发展,提升整体社会效率
外部经济环境压力与消费的变化	(1) 进入21世纪,经济环境日益呈现出复杂性、不确定性和多样性。复杂多变的环境因素,驱动企业进行快速反应,创新发展新模式和新应用,产生组织的变革,催生平台和平台经济的发展 (2) 新的消费趋势:消费者完成了自我的数字化革命,大众消费走向分众消费、现场消费走向在线消费 (3) 平台经济的线上消费环境与消费者相互作用:线上消费改变了消费者的购物习惯,消费者对线上消费环境进行反馈与提出要求	外部经济环境改变;消费者完成了自我的数字化革命;线上购物环境改变了消费者的购物习惯

续表 2-8

三种解释	主要观点	解释视角
制度经济学的解释	平台经济是以互联网等现代信息技术为基础,基于平台向多边主体提供差异化服务,整合多主体资源和关系,从而创造价值,使多主体利益最大化的一种新型经济。平台能更快地匹配需求方的需求和服务方的供给,依靠更智能的算法和复杂的评价体系把握商机,创造价值	为多利益主体创造价值

2.3 阿里集团淘宝平台的演进

1999 年是中国电子商务起步的元年。中国长三角诞生了两家对中国零售业市场格局产生深远影响的电子商务公司:一家是易趣,另一家是阿里集团。阿里集团淘宝平台是中国平台经济电子商务发展的代表之一。

2.3.1 围绕互联网商业需求的组织变革

阿里集团的发展主要经历了以下几个阶段:阿里巴巴成立之初的业务主要围绕商业对商业(B2B)展开。2003 年成立了淘宝网,开展消费者对消费者(C2C)业务。2005 年易趣在国内的消费者对消费者(C2C)市场份额下降到 29.1%,而淘宝网则上升到 67.3%。2006 年易趣退出了中国的消费者对消费者(C2C)市场。2008 年淘宝商城成立,致力打造商业对消费者(B2C)模式。2010 年淘宝商城独立分拆运营,并在 2012 年正式改名为天猫。

阿里集团的组织架构调整频繁,小型调整密集,而且几乎每一年都会进行一次相对大规模的组织架构调整。2021 年,时任阿里集团首席执行官的张勇说:"我们不仅要积极拥抱变化,而且要主动创造变化。"阿里集团围绕"敏捷组织"理念的历次组织变革,与网络化的生产模式相匹配,集成了物流、资金流、信息流、业务流的智慧供应链和系统化的管理模式出现,推动形成具有创新性的电子商务生态系统。

2016 年,阿里集团整合了天猫与聚划算,推出"三纵两横"架构。"三纵"为服饰、家电、快消三大商品类型;"两横"为针对天猫商家的营销平台和运营中心。2017 年,阿里集团提出五新战略,即新零售、新制造、新金融、新技术和新能源,并明确了"五新战略"的三驾"马车",即基础设施落地、战略思维输出和生态圈投资拉动。2018 年,阿里云升级为阿里云智能;天猫升级为大天猫,形成天猫事业群、天猫超市事业群、天猫进出口事业部三大板块;加强技术、智能互联网的投入和建设。2021 年,阿里集团推行多元化治理结构下的经营责任制,从中台战略升级为多元化治理。

经过 20 多年的发展,阿里集团已经成长为多业态的超大型组织,其中既有以淘宝、天猫为代表的电商成熟业务,银泰、高鑫零售(大润发)等线下零售业务,也有饿了么、菜鸟等涉及灵活用工形式的业务等。

2.3.2 技术迭代与"淘系技术"形成

淘宝平台最核心的技术架构,是一个伴随业务逐渐发展而逐步演进的过程。架构,即因为分工协作的需要,将目标系统按某个原则进行切分,切分的原则是要便于不同的角色进行并行工作。围绕真实商业领域的需求和挑战,用户需求变化、应用场景变化以及任务(功能)驱动,淘宝平台不断进行技术迭代和组织变革。在这个过程中,架构工程师发挥着重要作用。

根据近年来阿里巴巴集团双11技术团队(2017)的《尽在双11:阿里巴巴技术演进与超越》、邓中华(2018)的《大数据大创新:阿里巴巴云上数据中台之道》等相关书籍,淘宝平台的技术架构迭代可以大致分为三个阶段:一是2007年底到2009年初,电商基础架构由集中式架构体系演进为分布式架构体系;二是从2013年到2016年,从分布式架构体系演进为单元粒度的分布式架构体系;三是2016年至今,大力发展阿里云计算。

"淘系技术"迭代的重要领域有以下几个方面:

(1) 模块化,留好接口。将一个大型的软件系统划分成多个独立的模块,每个模块都有自己的功能和接口,并且能够与其他模块独立工作。

(2) 自动化,充分发挥机器作用。机器设备、系统或过程(生产、管理过程)在没有人或较少人的直接参与下,按照人的要求,经过自动检测、信息处理、分析判断、操纵控制,实现预期目标的过程。

(3) 去中心化、分布式,保障系统的稳定性,扩展性强。从技术层面来看,去中心化是趋势所在。随着智能设备(单个节点)的性能越来越强大(计算能力和存储能力大幅提高等性能),链接各节点的分布式网络性能也越来越强大。那么现有的中心化网络无论在性能、维护费用还是用户数量等方面均会被分布式网络所超越。分布式是描述网络的结构,即在网络中存在多个提供同一服务的服务器。

(4) 数据化、可视化、提高决策。平台经济几乎所有业务都运行在大数据之上,通过实时展示和分析数据,管理人员可以更准确地了解当前的业务状况,并基于数据进行决策。数据的可视化可以帮助管理人员更快速地识别趋势、发现异常和问题,并采取相应的行动。这有助于提高决策的准确性和迅速性,使企业能够更灵活地应对市场变化和竞争挑战。

(5) 异步化,协议统一,便于在同一系统下工作。在异步模型中,允许同一时间发生(处理)多个事件。程序调用一个耗时较长的功能(方法)时,它并不会阻塞程序的执行流程,程序会继续往下执行。当功能执行完毕时,程序能够获得执行完毕的消息或能够访问到执行的结果(如果有返回值或需要返回值时)。

(6) 应用成熟组件,兼容性强。成熟组件是经过市场检验的,继承了用户习惯,此外兼容性强,可以降低成本。

科技的进步使阿里巴巴不仅是一个电商企业,而且是一个科技公司。在国家 35 项卡脖子的技术中,阿里云数据库技术已经居世界领先地位④。2016 年以来,阿里集团的云上数据中台⑤技术的提出与应用成为又一次重大变革(邓中华,2018)。数据中台架构如图 2-3 所示。首次采集与引入全业务、多终端、多形态的数据,经过数据计算与处理,通过数据指标结构化、规范化和方式实现指标口径的统一,存储到各类数据库、数据仓库或数据湖中,以实现数据资产化处理,深度萃取数据价值,高效地对数据进行统一收集、处理、存储、计算、分析和可视化呈现,使数据最终与业务链条结合,真正转化为企业核心资产⑥。

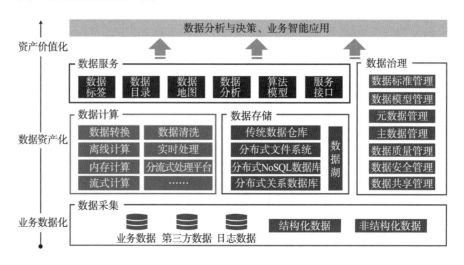

图 2-3 数据中台架构

注:NoSQL(非关系型数据库),它是一类不使用传统关系型数据库结构的数据存储系统,适合处理大规模数据和高并发需求,常用于分布式数据存储。

伴随"淘系技术"的形成及迭代,阿里集团实现了交易平台的创新、网络信用服务的创新、支付工具的创新、金融服务的创新、物流服务的创新、技术应用的创新等。在交易平台的创新方面,阿里集团提供了为中小企业商务服务及创业的平台;在网络信用服务的创新方面,阿里集团建立了新型、开放、有效的信用评价体系,为交易双方信用资产的积累提供了前所未有的信用平台;在支付工具的创新方面,阿里集团创建了安全便捷的网络支付方式,为顺畅交易提供了保障;在金融服务的创新方面,阿里集团开创了中小企业低门槛融资和社会闲散资金高收益增值渠道;在物流服务的创新方面,阿里集团提供了一个从导购到交易、供应链推送,再到物流履约的全链路数字化运营系统,优化物流流程,提供便捷高效的物流服务,增强消费者体验;在技术应用的创新方面,阿里集团实现了技术应用的创新,为云计算、大数据等新一代信息技术商业化应用提供了成功实践,为中小企业更好地使用价廉物美的云计算、大数据服务提供了支撑(马梅等,2017)。

阿里集团淘宝平台在不断进行组织变革和技术演进的过程中,保障平台自身交易的安全和稳定,更重要的是,同时也促进着互联网商业模式的持续创新与突破。平台经济的演化不再是某项技术的单点突破,而是整个系统的协同进化。根据阿里研究院发布的企业报告以及相关出版物,表2-9整理了阿里集团自成立以来的重要技术演进与组织架构演化情况。

表2-9 阿里集团组织架构调整、技术进步与平台演化

时间	组织架构(调整)	重要技术进步	阿里平台演化
1999年	阿里集团成立	—	开启商业对商业(B2B)业务
2003年	淘宝网成立,隶属于集团并成为核心业务	—	开展消费者对消费者(C2C)业务,同年10月推出支付宝
2005年	—	—	收购雅虎中国
2008年	淘宝商城(天猫)成立	—	淘宝平台网络零售占总零售的1%
2009年	阿里云成立	云操作系统,提供云计算服务;淘宝开放平台上线;淘宝机器人上线;中间件大规模使用,开启分布式时代	推出双11,天猫独立品质服务
2010年	淘宝商城(天猫)独立分拆运营	端操作系统AliOS;数据库OceanBase	全球"速卖通"开通
2011年	—	数据库OceanBase服务双11;服务框架Dubbo对外开源	—
2014年	—	互联网中间件Aliware;物联网平台Link;生意参谋1.0上线;金融数据库OceanBase服务双11	—
2015年	"大中台,小前台"的组织和业务体制	—	天猫引进53个国家和地区的产品
2016年	整合了天猫与聚划算,推出"三纵两横"架构	"神龙"服务器架构;超级人工智能系统ET大脑;全链路功能启用;生意参谋2.0上线	淘宝、天猫的成交额超过3万亿元,一个基于互联网的新兴经济体已初具规模
2017年	"五新"战略,从"树状结构"转型"网状结构"	人工智能(Artificial Intelligence,AI)芯片神经网络处理单元(Neural Processing Unit,NPU)	—
2018年	阿里云升级为阿里云智能;天猫升级形成天猫事业群、天猫超市事业群、天猫进出口事业部三大板块	加强技术、智能互联网的投入和建设	引入超75个国家和地区的1.9万个海外品牌。天猫国际上线美国、加拿大、巴西、澳大利亚等20多个国家和地区馆

续表 2-9

时间	组织架构(调整)	重要技术进步	阿里平台演化
2021年	推行多元化治理结构下的经营责任制，从中台战略升级为多元化治理	全面的"淘系技术"和丰富的落地场景已经形成，在大前端、音视频、端智能、客户端架构、服务端架构、云原生，以及人工智能(AI)类等技术领域都有较为深厚的积淀	阿里集团成长为多业态的超大型组织，其中既有以淘宝、天猫为代表的电商成熟业务，银泰、高鑫零售(大润发)等线下零售业务，也有饿了么、菜鸟等涉及灵活用工形式的业务等
2022年	—	《可交互低延时互联网多媒体传输系统需求》提案获批，由阿里集团技术团队自研的基于IETF QUIC协议的XQUIC标准化协议库正式开源	—

近10多年来，我国农村地区涌现的大量淘宝村，主要依托阿里集团淘宝平台发展。区别于传统制造企业，平台企业并不直接参与生产，而是创造连接的工具，连接生产者和消费者实现价值交换。在淘宝平台的支持下，农村电子商务发展迅猛，但对于从中受益的农村电子零售商而言，它们也越来越依赖淘宝网这一电商平台(Li，2017)。

2.4 新就业形态的涌现

世界经济论坛(2020)发布的《2020年未来就业报告》(*The Future of Jobs Report* 2020)在调研了全球26个国家就业情况的基础上，指出新技术的进步与应用将不可逆转地持续加速。平台经济在为全球经济注入巨大能量的同时，也形成了数字时代生产力的新组织方式，催生了许多新行业和新业态，大量新就业机会和新职业涌现。

我国平台经济就业规模的准确数字在统计上难以获取。笔者整理了《中华人民共和国职业分类大典》(简称《大典》)、国家信息中心信息化和产业发展部自2016年至2023年连续8年发布的《中国共享经济发展报告》、中国人民大学劳动人事学院发布的《阿里巴巴零售平台就业机会测算与平台就业体系研究报告》，以及《2023中国数字经济前沿：平台与高质量充分就业》⑦四份统计数据。从这四份相对权威的资料中，可以看到我国平台经济新就业形态的一些特征。

《大典》是依据《中华人民共和国劳动法》规定编制，由人力资源和社会保障部、国家质量监督检验检疫总局、国家统计局联合组织编制。参照国际标准，并历经多次修订，《大典》对我国就业创业的促进和对人才培养的引导发挥了重要作用。1999年，我国颁布了首部《大典》，共收录1 838个职业。为适应新职业不断出现和发展的新情况,2015年我国修订了《大典》。表2-10列出了我国《大典》变化。

自2015年版《大典》颁布以来,人力资源和社会保障部先后4次发布56种新职业,与平台经济相关的职业占比超过半数。其中,2019年至2020年期间发布了38种新职业,从分布领域来看,主要集中在以数字经济为代表的新经济领域:一是新技术领域,如大数据、物联网、云计算、人工智能等实现产业化应用的高新技术领域;二是新产业领域,如工业机器人、数字化和信息化管理等传统产业智能化升级领域;三是新业态、新模式领域,主要是顺应消费升级需求,个性化、特色化的家政、旅游、养老、健身等服务业领域。2022年9月,2022年版《大典》正式发布,围绕制造强国、数字中国、绿色经济、依法治国、乡村振兴等国家重点战略进行了修订。新版《大典》与2015年版《大典》相比,净增了158个新的职业,职业数达到1 639个。新版《大典》首次标识了97个数字职业,占职业总数的6%。

表2-10 《大典》变化及职业发布情况

版本时间/发布时间	收录的职业分类职业变化情况	新增职业或变化
1999年版《大典》	共8个大类、66个中类、413个小类、1 838个职业	—
2015年版《大典》	共8个大类、75个中类、434个小类、1 481个职业	新增网络与信息安全管理员、快递员、文化经纪人、动车组制修师、风电机组制造工等
2019年4月人力资源和社会保障部发布	新增13个新职业(新增职业中有62%与互联网直接相关)	新增人工智能工程技术人员、物联网工程技术人员、大数据工程技术人员、云计算工程技术人员、数字化管理师、建筑信息模型技术员、电子竞技运营师、电子竞技员、无人机驾驶员、农业经理人、物联网安装调试员、工业机器人系统操作员、工业机器人系统运维员
2020年3月人力资源和社会保障部发布	新增16个新职业(新增职业中有38%与互联网直接相关)	新增智能制造工程技术人员、工业互联网工程技术人员、虚拟现实工程技术人员、连锁经营管理师、供应链管理师、网约配送员、人工智能训练师、电器电子产品环保监测员、全媒体运营师、健康照护师、呼吸治疗师、出生缺陷防控咨询师、康复辅助技术咨询师、无人机装调检修工、铁路综合维修工和装配式建造施工员
2020年7月人力资源和社会保障部发布	新增9个新职业(新增职业中有67%与互联网直接相关)	新增区块链工程技术人员、城市管理网格员、互联网营销师、信息安全测试员、区块链应用操作员、在线学习服务师、社群健康助理员、老年人能力评估师、增材制造设备操作员

续表 2-10

版本时间/发布时间	收录的职业分类职业变化情况	新增职业或变化
2021年3月人力资源和社会保障部发布	新增18个新职业（新增职业中有11%与互联网直接相关）	新增集成电路工程技术人员、企业合规师、公司金融顾问、易货师、二手车经纪人、汽车救援员、调饮师、食品安全管理师、服务机器人应用技术员、电子数据取证分析师、职业培训师、密码技术应用员、建筑幕墙设计师、碳排放管理员、管廊运维员、酒体设计师、智能硬件装调员、工业视觉系统运维员等
2022年版《大典》	共8个大类、79个中类、449个小类、1 639个职业	以2015年版《大典》为基础，将近年来已发布的新职业纳入其中，保持大类体系不变，增加或取消了部分中类、小类及职业（工种），优化调整了部分归类，修改完善了部分职业信息描述

　　第二份数据来自国家信息中心信息化和产业发展部自2016年首次发布以来每年发布的年度报告《中国共享经济发展报告》。该报告认为共享经济是利用互联网平台将分散资源进行优化配置，通过推动资产权属、组织形态、就业模式和消费方式的创新，提高资源利用效率、便利群众生活的新业态新模式。2022年共享经济市场交易规模约为38 320亿元，同比增长约3.9%。共享型服务和消费继续发挥稳增长的重要作用。

　　2020年我国共享经济服务提供者约为8 400万人，同比增长约7.7%；平台企业员工数约为631万人，同比增长约1.3%。其中，在抖音平台上，2019年8月至2020年8月，共有2 097万人通过从事创作、直播、电商等工作获得收入。2020年上半年，通过美团平台获得收入的骑手总数为295.2万人，同比增长16.4%。

　　该报告指出，共享经济和平台型就业未来仍将继续保持高速增长。一方面，依托共享平台的新就业涉及的领域宽、包容性强，既有创意策划、软件设计、在线教育等适合大学生群体的知识密集型复杂劳动岗位，也有外卖骑手、网约车司机、云客服等适合文化水平相对不高群体的熟练性劳动岗位，为社会重点群体的就业创造了更广阔的空间和更多的机会。另一方面，平台企业可以根据市场供需变化，及时调节劳动力的供给量，促进劳动力跨业流动和减少摩擦性失业。表2-11列出了2017—2022年我国共享经济发展情况。图2-4为2017—2020年我国共享经济平台企业员工数。

表2-11　2017—2022年我国共享经济发展情况

领域	共享经济市场交易额/亿元					
	2017年	2018年	2019年	2020年	2021年	2022年
交通出行	2 010	2 478	2 700	2 276	2 344	2 012
共享住宿	120	165	225	158	152	115

续表 2-11

领域	共享经济市场交易额/亿元					
	2017年	2018年	2019年	2020年	2021年	2022年
知识技能	1 382	2 353	3 063	4 010	4 540	4 806
生活服务	12 924	15 894	17 300	16 175	17 118	18 548
共享医疗	56	88	108	138	147	159
共享办公	110	206	227	168	212	132
生产能力	4 170	8 236	9 205	10 848	12 368	12 548
总计	20 772	29 420	32 828	33 773	36 881	38 320

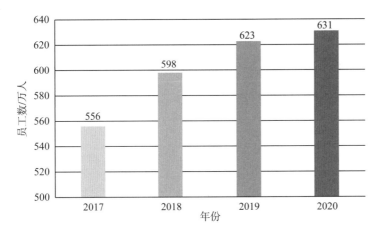

图 2-4　2017—2020 年我国共享经济平台企业员工数

第三份数据来自中国人民大学劳动人事学院课题组。中国人民大学劳动人事学院课题组(2020)测算了阿里巴巴的零售平台所提供的就业机会。阿里巴巴零售平台总就业机会计算如下：

阿里巴巴零售平台总就业机会＝商品交易型就业机会＋间接带动型就业机会＝2 010.4＋2 010.4×1.475≈4 976(万个)。

在该公式中,课题组提出的系数为 1.475,来源于 2017 年中国投入产出表的相关计算。在 2 965.34 万个带动型就业机会中,既包含阿里巴巴零售平台带动的支撑型就业机会,又包括衍生型就业机会(中间产业链环节带动的就业)。

2019 年阿里巴巴零售平台创造了约 4 976 万个就业机会,其中包括 2 010.4 万个商品交易型就业机会、2 965.34 万个间接带动型就业机会。在阿里巴巴零售平台的 15 个经营类目中,其他服务类(463.4 万个),服装、鞋帽、针纺织品类(325.7 万个),日用品类(287.7 万个)带动的商品交易型就业机会(emp_{tra})位居前三。具体测算结果如表 2-12 所示。

最后一份数据来自《2023 中国数字经济前沿：平台与高质量充分就业》。报告测算,以微信、抖音、快手、京东、淘宝、美团、饿了么等为代表的平台,2021年为中国净创造就业约2.4亿个,为当年约27%的中国适龄劳动人口提供了就业机会。

表2-12 阿里巴巴零售平台带动不同行业类目的商品交易型就业机会

类别	$\hat{p}_1$	$\hat{p}_0$	emp_{tra}/万个
粮油、食品、饮料、烟酒类	0.85	−0.11	191.7
服装、鞋帽、针纺织品类	0.85	0.07	325.7
化妆品类	0.89	−0.26	68.3
金银珠宝类	0.86	0.03	12.3
日用品类	0.85	−0.03	287.7
五金、电料类	0.89	−0.73	98.0
体育、娱乐器材类(含书报杂志及音像制品)	0.82	0.42	57.2
家用电器和音响器材类	0.90	−0.74	121.1
文化办公用品类	0.92	−1.07	47.6
家具类	0.87	−0.65	104.6
通信器材类	0.92	−0.69	25.8
建筑及装潢材料类	0.86	−0.33	35.2
汽车类	0.92	−0.85	49.7
其他实物类	0.90	−0.71	122.1
其他服务类	0.91	−1.04	463.4
合计	—	—	2 010.4

注:$\hat{p}_1$和$\hat{p}_0$代表根据抽样调查,该行业的参数估计值。

《2023中国数字经济前沿:平台与高质量充分就业》从三个方面对平台促进高质量就业提出了建议:一是鼓励平台企业持续创新,加强其与实体经济的深度融合,创造更多新就业岗位;二是鼓励平台企业关注并满足大量低技能群体的学习需求,进一步缩小劳动力的技能差距;三是推动平台企业从自身特点出发,吸纳弱势群体就业,进一步缩小收入差距,保障经济增长的公平性等。

结合上述四份新就业形态的统计数据以及相关研究,新就业形态存在以下几个特点:

(1)当前大量的创新创业都发生在互联网、电子商务、计算机服务和软件业等数字经济领域。新经济容纳就业人数规模巨大,这些就业形态既有全新的工作,也有使一些传统工作内容的就业借助信息平台的升级,改变工作任务信息来源以及人与任务的组织方式的就业模式(吴红艳,2019)。2007—2016年,我国信息传输、计算机服务和软件业城镇单位就业人员年均增速达到10.3%。2016年,信息传输、计算机服务和软件业年均工资(122 478元)超过金融业(117 418元),成为收入最高的行业。就业越来越突破地域限制,非全职的弹性就业、灵活就业快速增长。

(2) 就业受技术变革、产业调整的影响,相比外来冲击、局部地区发展不充分等影响,持续影响更长、影响范围更广。目前我国"高技岗难求"和"低技岗需求增加"现象并存,该现象在大城市尤为突出(赖德胜等,2019)。2016年,属于高度稀缺岗位的大数据分析师的平均跳槽速度为19.8个月(王章佩,2017)。一些学者认为技术进步加上灵活的就业模式,降低了就业门槛;另一些学者则认为新技术革命将加速劳动力市场分化,带来就业结构两极化。

(3) 平台经济的从业人员职业发展不稳定,劳动力市场主体间权利义务的法律关系不清晰,从业者劳动保障面临诸多困扰等(莫荣等,2019)。

2.5 平台经济的创新性、内在缺陷与平台治理

2.5.1 平台经济是创新性经济吗

创新经济概念的起源为熊彼特在1912年出版的《经济发展理论》(*Theory of Economic Development*)。熊彼特在其著作中提出,创新是指把一种新的生产要素和生产条件的"新结合"引入生产体系。它包括五种情况:引入一种新产品,引入一种新的生产方法,开辟一个新的市场,获得原材料或半成品的一种新的供应来源,以及新的组织形式。熊彼特的创新概念包含的范围很广,如涉及技术性变化的创新和非技术性变化的组织创新。

大部分学者认为平台经济是创新性经济,但也有学者指出平台只是一个工具,一些平台只是更好地连接了消费者和服务提供商,缺乏实质性的创新。在解释平台经济的创新性方面,现有研究以定性分析为主,通过定量实证的研究还较少。

李韬等(2023)从垄断、竞争与创新的辩证视角解释平台经济的创新特质。竞争必然产生垄断,垄断本身已然会引起竞争,平台企业如果希望持续维持垄断地位,那么就必须进一步创新。这些创新包括技术创新、平台组织方式的创新、商业模式的创新、产品和服务的创新等几种主要类型。平台经济下新技术的创新与应用周期更短,创新形式也更加复杂,技术创新或者技术组合创新等现象明显。另外,平台众多参与主体形成的创新生态系统能够进行协同创新,大数据、人工智能等数字化分析又为平台及生态系统的创新发展提供了方向指引。

易宪容等(2020)从资源配置效率的角度指出,平台经济作为一种资源配置新方式,运用现代网络数字技术,使其资源配置的方式比其他资源配置的方式更有效率,更能为平台经济利益的相关者创造价值,以此全面提升经济效率及整个社会的福利水平,创造数字红利。平台经济的核心是大

数据,是运用大数据网络技术来克服传统经济中的信息约束、认知约束,来整合及挖掘各种资源,让资源配置效率全面提高。刘思彤(2021)结合生产流程,提出平台经济电商顾客对工厂(Customer to Manufactory,C2M)模式的创新逻辑是通过数据介入全过程,进而实现"实时洞察消费者—技术驱动产品研发—自动化采购—柔性化生产—直接运输"。

2.5.2 平台经济的内在缺陷

王琦(2021)指出平台经济的权力关系真相隐藏在不断变化的表象之下,过度追求市场和效率使资方和劳方陷入一种表面上"自由选择"而实质上"无从选择"、被市场经济霸权话语所规训的境地中。基于互联网平台组织的出现是由私有资本推动的信息革命深入发展的结果,由阿里巴巴管理的电子商务平台绝非"中立",而是根植于上市公司追求利润最大化的愿望(Li,2017)。

综合德格里斯(Degryse,2016)、张成刚(2018)、严妮等(2020)、于凤霞(2022)、陈光华(2021)等学者的观点,平台组织主要存在以下四种缺陷:

(1)过度剥削平台的灵活就业者。平台资本主义的形成,意味着一种所谓"零工经济"的新型雇佣关系正在走向成熟。零工经济被认为既释放了企业对雇工的传统责任(如福利、加班费、病假和其他费用等),又为劳动者提供了施展才能的机会并激励他们提升技能或自主创业,是一种技术革命型经济体的经济型雇佣方式。然而,平台用工的"非正规化"使劳动者趋向"单枪匹马""单打独斗"的"原子化"职业状态。当整个平台经济系统通过互联网连接起无数现代化小生产者和劳动者后,零工经济就使得平台组织事实上蜕化为一种从非正式雇佣者的剩余劳动中实现利润最大化的生产组织。资本的逐利性、技术创新应用的隐蔽性,使得劳动者的劳动过程受到更加强势的控制,平台就业人员成为"数据劳动力""数据苦力"(Degryse,2016)。张成刚(2018)针对北京市多个共享经济平台劳动者就业的调查研究显示,就业者迫于生产压力缺乏足够的休息时间,平均每周工作6天以上的占86.81%,其中每周工作7天的占31.6%。严妮等(2020)在问卷调查武汉市的平台经济从业者参加保险情况后,指出平台经济从业者因其自身职业的灵活特性,所面临的社会风险较大且规避风险的能力低,在没有社会保险兜底保障时,极易遭遇健康风险和经济风险,陷入生存危机。

(2)用户数据信息被掠夺。所有巨型平台组织的商业模式都在不同程度上依赖个人数据的开发利用。一些网络公司专门通过采集个人网络行为的信息,将消费者精准定位和资料归类,并出售给平台组织。由于在平台组织中,数据的收集几乎是零摩擦的,每个用户都是数据生产的免费劳动者,因此受竞争的压迫和利益的驱动,平台组织不断开发更隐蔽的数据采集技术,获取更强大的数据采集能力,更深入地收集用户信息甚至侵犯个人隐私。如何对共享平台上集聚的海量个人信息进行有效保护,如何加强对未成年人使用网络的保护等,都成为各界高度关注的问题。

(3) 平台过度金融化。当前以资本市场为主的直接金融取代了20世纪初以银行为主的间接金融。在金融化下的资本市场的支持下,具有商业潜力的平台组织得到天使投资资本的多轮直接投资,并为其所有者获得巨额的投资回报。大型平台企业"跨界"提供金融服务日益普遍,也带来了有效监管困难、用户权益可能受到侵害以及金融风险处理不当而引发社会风险等潜在风险和问题。资本驱动下的规模过度扩张,受到越来越大的质疑,如近年来共享单车的过度投放和整个市场的过度竞争,使得行业发展犹如过山车般大起大落,给利益相关者尤其是供应商带来严重损害。又如自2017年以来平台企业在社区团购的融资金额呈现大幅增长趋势,大量资本流向民生领域,对线下小商贩、农民等形成巨大冲击,给"保民生"带来挑战。

(4) 无序竞争引发恶性竞争与生产严重过剩。平台组织之间缺乏宏观调控的无序竞争,谁占有更多的用户和数据,谁就能吸纳更多的风险投资,"圈占"更大的互联网市场。通过数据挖掘用户的潜在需求和行为特征,平台企业及其关联投资企业开展更精确的推送等服务,在不断增强客户黏性的同时,平台企业也在构建越来越高的"数据隔离墙",同时在平台规则、算法、技术、流量分配等方面设置限制和障碍,导致其他市场主体的经营活动受到约束,市场创新活力受到严重阻碍(于凤霞,2022)。大型平台企业给市场支配地位不当利用、数据独占、垄断性扩张等不正当竞争行为带来了诸多不利影响。陈光华(2021)指出平台经济存在市场失灵、政府失灵和组织失灵三种治理困境。其中政府失灵表现在属地管理失灵、行业管理失灵、数量管制与价格管制失灵、传统监管手段失灵等方面。

2.5.3 平台治理

平台经济在实践中存在多种运行形态,最终呈现出来的样态是由特定制度环境下的多方主体实践,以及互动过程中的权力关系决定。如何引导平台经济及数字经济领域的可持续发展,构建"责权匹配"理念下的数字经济领域的社会治理共同体,关键在于建设完善的法律体系及相关的制度环境(黄奇帆等,2022)。针对平台经济存在的缺陷,平台经济时代一系列监管体系构建与实施工作正在展开。我国在此方面已经取得了一些国际性突破(杨东等,2021)。

对于平台经济的监管,2019年我国正式实施的《中华人民共和国电子商务法》,在世界范围内第一次通过法律规定正式确立数字竞技平台法律主体地位,同时第一次正式为电子支付平台规定"双边市场"特性。《中华人民共和国反垄断法》的修订,从法律领域对数字经济时代变革开展积极回应(杨东等,2021)。

2021年12月,我国颁布了《国家发展改革委等部门关于推动平台经济规范健康持续发展的若干意见》,从健全完善规则制度、提升监管能力和水平、优化发展环境三个方面提出意见。同年7月,《人力资源社会保障部　国家发展改革委　交通运输部　应急部　市场监管总局　国家医保局　最高人民法院　全国总工会关于维护新就业形态劳动者劳动保障权益的指导意见》出台,这充分说明加强新就业形态下劳动者的权益保护,补充平台经济监管"短板",是未来一个时期的重点任务(王琦,2021)。2022年6月,《中华人民共和国反垄断法》修订通过,进一步明确反垄断相关制度在平台经济领域的具体适用规则。其中,既有原则规定,也结合具体垄断行为提出细化的规则条款。

科技、商业和整个经济体系的终极目标应该是释放个人潜能和建立一个每个人都能过上富足、充实、有创意和多彩生活的社会。当前,我国对平台经济的政策层面要求是支持发展与监管常态化并重,即平台经济的规范与发展并重,"在发展中规范,在规范中发展"(北京大学平台经济创新与治理课题组,2022)。对平台的反垄断监管进入常态化,避免平台的无序竞争和野蛮扩张,支持平台经济走出一条高质量发展道路。

第2章注释

① 超级平台是市值(估值)不低于10 000亿元、用户规模不低于5亿人;大型平台是市值(估值)不低于1 000亿元、用户规模不低于5 000万人。

② 参见毕马威、阿里研究院:《从工具革命到决策革命:通向智能制造的转型之路》(2019年)。

③ 参见何毅亭:《我国发展环境面临深刻复杂变化》,《人民日报》2020年12月25日。

④ 原来的数据库技术被甲骨文(Oracle)、国际商业机器(IBM)等公司掌握,但是阿里云组织的团队开始研发,成功攻克技术难点,大数据平台技术、热冷服务器集群技术、奇点编码器技术、单帧三维(3D)点云语义分割技术都获得了全球第一的美誉。全面的"淘系技术"和丰富的落地场景已经形成,在大前端、音视频、端智能、客户端架构、服务端架构、云原生,以及人工智能(AI)类等技术领域都有较为深厚的积淀。

⑤ 数据中台概念由阿里集团首次提出,指神经中枢联动全域数据。数据中台概念的出现,在很大程度上是因为原来的大数据系统建设的投资回报率(Return on Investment,ROI)不尽如人意,企业投入了大量的物力、财力和人力建设了大数据平台,却发现并没有给企业带来应用的价值,大数据平台更多地沦为"形象工程",甚至产生了新的数据孤岛,更不用说实现数据能力的全局抽象、复用和共享了,而数据中台可以说是为此类大数据平台提供了"补丁",其全局的数据仓库、大数据协调共享等能力,真正解决了重复开发、数据标准不统一、数据孤岛等问题,从而提高了数据价值实现效率和投资回报率(ROI)。

⑥ 参见艾瑞咨询发布的《2021年中国数据中台行业白皮书》。

⑦ 由中国信息经济学会等共同发布。

第2章参考文献

IBM商业价值研究院,2020.IBM商业价值报告:平台经济:后疫情时代,获得更大生存空间[M].上海:东方出版社.

阿里巴巴集团双11技术团队,2017.尽在双11:阿里巴巴技术演进与超越[M].北京:电子工业出版社.

阿里研究院,2016a.平台经济[M].北京:机械工业出版社.

阿里研究院,2016b.新经济崛起:阿里巴巴3万亿的商业逻辑[M].北京:机械工业出版社.

北京大学平台经济创新与治理课题组,2022.平台经济:创新、治理与繁荣[M].北京:中信出版社.

车品觉,2016.决战大数据:大数据的关键思考[M].杭州:浙江人民出版社.

陈光华,2021.平台创新:构筑国家竞争新优势[M].北京:科学出版社.

邓中华,2018.大数据大创新:阿里巴巴云上数据中台之道[M].北京:电子工业出版社.

韩江波,2017.智能工业化:工业化发展范式研究的新视角[J].经济学家(10):21-30.

黄奇帆,朱岩,邵平,2022.数字经济:内涵与路径[M].北京:中信出版社.

杰尔瓦西,2016.电商如何改变中国[M].高尚平,译.北京:中信出版社.

科尔曼,施密特,2021.德国4.0:如何成功向数字化转型[M].杨文革,译.桂林:广西师范大学出版社.

赖德胜,孟大虎,李长安,等,2019.2018中国劳动力市场发展报告:高质量发展进程中的劳动力市场平衡性[M].北京:北京师范大学出版社.

李杰,陈维军,杨芳,2021.电子商务环境下的消费者认知与行为研究[M].北京:科学出版社.

李韬,冯贺霞,2023.平台经济下垄断、竞争与创新研究[J].经济学家(7):87-96.

里夫金,2012.第三次工业革命:新经济模式如何改变世界[M].张体伟,孙豫宁,译.北京:中信出版社.

刘思彤,2021.平台经济驱动下电商C2M模式的发展:创新、困境及策略选择[J].财会月刊(11):143-147.

马尔卡希,2017.零工经济[M].陈桂芳,译.北京:中信出版社.

马梅,李欣欣,崔瀚文,2017.阿里巴巴B+时代:赋能中小企业[M].上海:上海交通大学出版社.

莫荣,陈云,曹佳,2019.高质量发展阶段我国就业形势与展望[N].中国劳动保障报,2019-08-07.

帕克,埃尔斯泰恩,邱达利,2019.平台革命:改变世界的商业模式[M].志鹏,译.北京:机械工业出版社.

世界经济论坛,2020.2020年未来就业报告[R].达沃斯:世界经济论坛.

斯尔尼塞克,2018.平台资本主义[M].程水英,译.广州:广东人民出版社.

斯塔夫里阿诺斯,2006.全球通史:从史前史到21世纪(第7版修订版)[M].吴象婴,梁赤民,董书慧,等译.2版.北京:北京大学出版社.

宋金波,韩福东,2017.阿里铁军:阿里巴巴销售铁军的进化、裂变与复制[M].北京:中信出版社.

王琦,2021.数字平台工作的动态演进:基于实践的考察进路[M].大连:东北财经大学出版社.

王章佩,2017.中国劳动力市场的灵活性与安全性平衡研究[M].北京:人民出版社.

魏江,刘洋,等,2021.数字创新[M].北京:机械工业出版社.

吴红艳,2019.新职业与新就业:特点、影响及对策[J].宁波经济(三江论坛)(9):43-46.

谢富胜,吴越,王生升,2019.平台经济全球化的政治经济学分析[J].中国社会科学(12):62-81,200.

徐翔,2021.数字经济时代:大数据与人工智能驱动新经济发展[M].北京:人民出版社.

严妮,黎桃梅,周雨,等,2020.新就业形态下平台经济从业者社会保险制度探析[J].宏观经济管理(12):69-76,84.

严鹏,陈文佳,2019.工业革命:历史、理论与诠释[M].北京:社会科学文献出版社.

杨东,徐信予,2021.数字经济理论与治理[M].北京:中国社会科学出版社.

杨家诚,2019.消费4.0:消费升级驱动下的零售创新与变革[M].北京:人民邮电出版社.

叶秀敏,2016.平台经济的特点分析[J].河北师范大学学报(哲学社会科学版),39(2):114-120.

易宪容,陈颖颖,于伟,2020.平台经济的实质及运作机制研究[J].江苏社会科学(6):70-78,242.

于凤霞,2022.平台治理2.0:共同富裕时代数字经济治理转型[M].北京:电子工业出版社.

张成刚,2018.共享经济平台劳动者就业及劳动关系现状:基于北京市多平台的调查研究[J].中国劳动关系学院学报,32(3):61-70.

张国玉,2021.新职业的动力机制与发展趋势[J].人民论坛(1):24-28.

张建锋,肖利华,安筱鹏,2022.消费互联网和产业互联网:双轮驱动新增长[M].北京:电子工业出版社.

中国人民大学劳动人事学院课题组,2020.阿里巴巴全生态就业体系与就业质量研究报告[R].北京:中国人民大学劳动人事学院.

BALDWIN C Y,VON HIPPEL E A,2011. Modeling a paradigm shift:from producer innovation to user and open collaborative innovation[J]. Social science,22(6):1399-1417.

DEGRYSE C,2016. Digitalisation of the economy and its impact on the labor market[Z]. Brussels:European Trade Union Institute.

DOBBS R,CHEN Y G,ORR G,et al,2013. China's e-tail revolution:online shopping as a catalyst for growth[Z]. McKinsey:The McKinsey Global Institute.

FRIEDMAN G,2014. Workers without employers:shadow corporations and the rise of the gig economy[J]. Review of Keynesian economics,2(2):171-188.

KELLY K,2016. The inevitable:understanding the 12 technological forces that will shape our future[M]. Berkley:Penguin USA.

LANGLEY P,LEYSHON A,2017. Platform capitalism:the intermediation and capitalization of digital economic circulation[J]. Finance and society,3(1):11-31.

LI A H F,2017. E-commerce and Taobao villages:a promise for China's rural development[J]. China perspectives(3):57-62.

LÜTHJE B,2019. Platform capitalism 'made in China'? Intelligent manufacturing, Taobao villages and the restructuring of work[J]. Science, technology & society,24(2):199-217.

ROCHET J C,TIROLE J,2003. Platform competition in two-sided markets[J]. Journal of the European economic association,1(4):990-1029.

SRNICEK N,2016. Platform capitalism[M]. Oxford:Polity Press.

第2章图表来源

图2-1源自:刘思彤,2021.平台经济驱动下电商C2M模式的发展:创新、困境及策略选择[J].财会月刊(11):143-147.

图2-2、图2-3源自:邓中华,2018.大数据大创新:阿里巴巴云上数据中台之道[M].北京:电子工业出版社.

图2-4源自:《中国共享经济发展报告(2021)》.

表2-1源自:韩江波,2017.智能工业化:工业化发展范式研究的新视角[J].经济学家(10):21-30.

表2-2源自:国家市场监督管理总局.

表2-3至表2-5源自:赵岩,2022.数字经济发展报告(2021—2022)[M].北京:社会科学文献出版社.

表2-6、表2-7源自:笔者根据实地调研及阿里研究院报告整理绘制.

表2-8源自:笔者根据斯尔尼塞克(2018)、罗切特(Rochet et al.,2003)、杨家诚(2019)、李杰等(2021)、魏江等(2021)、陈光华(2021)、叶秀敏(2016)等相关学者观点整理绘制.

表2-9源自:笔者根据阿里研究院发布的企业报告以及相关出版物整理绘制.

表2-10源自:笔者根据各版《中华人民共和国职业分类大典》统计绘制.

表2-11源自:《中国共享经济发展报告(2021)》《中国共享经济发展报告(2022)》《中国共享经济发展报告(2023)》.

表2-12源自:阿里研究院、中国人民大学劳动人事学院课题组联合测算.

3 淘宝村发展历程（2009—2020 年）

淘宝村的出现既有偶然性，也有其必然性。淘宝村的创新实践具有明显的自下而上的特征和互联网经济特征。

如果将淘宝村视为一个生命体的演化，那么它的发展是信息技术及平台经济演化的产物，离不开国家乡村振兴战略的支持，更为关键的是乡土中国追求幸福的微观动力机制。

在不断变化的社会经济背景下，中国乡村面临的问题也在不断变化。在信息技术与电子商务发展以前，中国乡村面临的困境主要有以下两个方面：

一是与其他发展中国家类似，缺乏规模经济和先进技术，生产效率低。费孝通（1948）曾经指出，中国传统乡村生产组织有三种基本方式，即小农生产、家庭手工生产和作坊生产。它们主要依靠熟人社会的血缘、亲缘等关系维系，因为缺乏规模效应和先进技术，又远离消费市场，中国传统乡村生产组织是区别于成熟市场生产组织的弱生产组织。

二是在中国特殊的二元体制下，长期以牺牲农业换来工业的发展导致的农村发展困境。1978 年以后，国家陆续发布了一系列重要政策文件，包括承认多种所有制和经济形式的存在，允许土地转包、繁荣小城镇政策、允许农民进城经营各类工商服务业等，解除了农民与土地之间的硬性捆绑（周其仁，2013）。

但是直至 2002 年以前，农村基本处于国家政策的边缘。国家政策上的城市导向性是城乡发展差距拉大的制度性原因。快速城市化进程吸引了农民大量进城务工，城市对乡村地区发展的冲击凸显。村庄"空心化"现象、粮食和生态环境安全问题越来越突出（龙花楼，2013）。这一时期城乡巨大差距主要有以下几个方面：城乡居民收入差距不断拉大、农村公共服务供给严重不足、农民无法均等地享有社会保障、城乡人居环境差距大。陈锡文（2013）提出当前农业、农村面临的三个全局性、长远性问题，即粮食等主要农产品的供求问题，工业化、城镇化、农民市民化推进过程中的土地制度问题，以及现代化进程中农民转化为市民的问题。陆益龙（2015）认为后乡土中国的基本问题是农民何以获得公平的市场机会，以及在现代市场社会中如何保障农民有事可做、有满意的收入。

3.1 国家数字乡村政策演进

21世纪以来中央对农村的关注度越来越高,连续10多年的中央一号文件都是"三农"问题。2002年,党的十六大提出全面建设小康社会,统筹城乡经济社会发展,首次明确把解决农村、农业、农民的"三农"问题作为全党工作的重中之重。2007年,党的十七大报告提出建立以工促农、以城带乡的长效机制,形成城乡经济社会一体化新格局。

2012年,党的十八大报告明确把城乡发展一体化作为解决"三农"问题的根本途径。党的十八大以来,党中央做出了"四个全面"战略布局,将全面深化改革摆上突出位置,对深化农村土地制度改革做出了一系列重大决策部署。农村土地制度改革的核心是在坚持土地集体所有的前提下,建立和完善承包土地的"三权"分置制度。表3-1列出了党的十八大以来的农村土地制度改革的重要工作。

表3-1 党的十八大以来的农村土地制度改革

农村土地制度改革	相关政策文件	政策执行情况
建立农村土地"三权"分置制度	2013年中央农村工作会议上指出把农民土地承包经营权分为承包权和经营权,实现承包权和经营权分置并行。2015年党的十八届五中全会明确要求,完善土地所有权、承包权、经营权分置办法。2016年《中共中央办公厅 国务院办公厅关于完善农村土地所有权承包权经营权分置办法的意见》印发	实现了农民集体、承包农户、新型农业经营主体对土地权利的共享,为促进农村资源要素合理配置、引导土地经营权流转、发展多种形式适度规模经营奠定了制度基础,使我国农村基本经营制度焕发出新的生机和活力
开展农村土地承包经营权确权登记颁证	党的十八大以后,中央对确权登记颁证工作做出了一系列决策部署。2014年中央明确提出用5年左右时间基本完成土地承包经营权确权登记颁证工作	截至2018年6月底,31个省(区、市)均开展了承包地确权工作,确权面积为13.9亿亩(约9 267万hm^2),超过二轮家庭承包地(账面)面积
发展多种形式适度规模经营	2013年,党的十八届三中全会提出,允许农民以承包经营权入股发展农业产业化经营。2014年,《中共中央办公厅 国务院办公厅关于引导农村土地经营权有序流转发展农业适度规模经营的意见》印发。2017年《中共中央办公厅 国务院办公厅关于加快构建政策体系培育新型农业经营主体的意见》印发	截至2017年底,各类新型农业经营主体超过300万家,新型职业农民达到1 400万人,多种形式适度规模经营占比达到40%

续表 3-1

农村土地制度改革	相关政策文件	政策执行情况
明确第二轮土地承包到期后再延长30年	2017年党的十九大报告指出第二轮土地承包到期后再延长30年	稳定的预期有利于促进多种形式的适度规模经营和农村生产力发展,保持农村社会稳定
统筹推进农村土地征收、集体经营性建设用地入市、宅基地制度改革	2013年党的十八届三中全会提出建立城乡统一的建设用地市场。2014年《中共中央办公厅 国务院办公厅关于农村土地征收、集体经营性建设用地入市、宅基地制度改革试点工作的意见》印发,经全国人民代表大会常务委员会授权,2015年在全国33个县(市、区)开展试点	从试点情况来看,农村集体经营性建设用地入市改革已形成相对成熟的规则体系,农村土地征收制度改革在完善被征地农民多元保障机制等方面取得积极进展
建立健全农村土地产权流转交易制度	2014年11月,农业部、中央农村工作领导小组办公室、国家林业局印发《积极发展农民股份合作赋予农民对集体资产股份权能改革试点方案》。2014年12月,《国务院办公厅关于引导农村产权流转交易市场健康发展的意见》印发。2015年5月,在全国29个县(市、区)开展试点	21个省份出台农村产权流转交易市场建设的指导性文件,全国共有1 239个县(市、区)、18 731个乡镇建立农村土地经营权流转服务中心。总体上看,逐步构建了符合农村实际和土地产权流转交易特点的制度框架

2017年10月党的十九大报告提出乡村振兴战略,坚持农业农村优先发展和城乡融合发展,提出"产业兴旺、生态宜居、乡风文明、治理有效、生活富裕"的总要求。乡村振兴战略提出后,各部委皆从各自角度出发,颁布多个文件与政策以推动乡村发展。

在数字乡村建设方面,国家大力支持农村发展电子商务,一系列政策相继出台(表3-2)。2015年,《国务院办公厅关于促进农村电子商务加快发展的指导意见》,就农村电商的体制改革、创新模式、基础设施等方面提出意见;2015年,《中共中央 国务院关于打赢脱贫攻坚战的决定》指出实施电商扶贫工程;2016年,《国务院关于印发"十三五"脱贫攻坚规划的通知》单列一节,以细化电商扶贫的各项工作。国务院扶贫开发领导小组办公室将"电商扶贫"正式纳入扶贫的政策体系,并将其作为"精准扶贫十大工程"之一。2018年,《中共中央 国务院关于实施乡村振兴战略的意见》,提出数字乡村建设的要求,做好整体规划设计。2018年,《国家乡村振兴战略规划(2018—2022年)》进一步提出数字乡村建设的任务内容。2019年,中央经济工作会议第一次明确提出要大力发展数字经济,着力推动高质量发展。2019年,《数字乡村发展战略纲要》系统性提出数字乡村建设的各个要素,使数字乡村同数字中国、脱贫攻坚和乡村振兴等国家战略形成政策合力。2020年,《数字农业农村发展规划(2019—2025年)》提出新时期推进数字农业农村建设的总体思路和发展蓝图。

表 3-2 数字乡村建设主要政策

时间	政策名称	主要内容	发文单位
2015年7月	《国务院关于积极推进"互联网＋"行动的指导意见》	加快推进"互联网＋"发展,打造大众创业、万众创新和增加公共产品、公共服务"双引擎",主动适应和引领经济发展新常态,形成经济发展新动能,实现中国经济提质增效升级	国务院
2015年7月	《财政部办公厅 商务部办公厅关于开展2015年电子商务进农村综合示范工作的通知》	以农村流通现代化为目标,以电子商务示范县建设为抓手,充分发挥市场与政府合力,重点依托邮政、大型龙头流通、供销合作社、电商企业,建设完善农村电子商务配送及综合服务网络	财政部办公厅、商务部办公厅
2016年8月	《"十三五"全国农业农村信息化发展规划》	加快发展农业农村电子商务,创新流通方式,打造新业态,培育新经济,重构农业农村经济产业链、供应链、价值链,促进农村一二三产业融合发展	农业部
2017年2月	《中共中央 国务院关于深入推进农业供给侧结构性改革 加快培育农业农村发展新动能的若干意见》	促进新型农业经营主体、加工流通企业与电商企业全面对接融合。加快建立健全适应农产品电商发展的标准体系。支持农产品电商平台和乡村电商服务站点建设。深入实施电子商务进农村综合示范。鼓励地方规范发展电商产业园。完善全国农产品流通骨干网络,加强农产品产地预冷等冷链物流基础设施网络建设,完善鲜活农产品直供直销体系	中共中央、国务院
2018年2月	《中共中央 国务院关于实施乡村振兴战略的意见》	大力发展数字农业。实施数字乡村战略,做好整体规划设计,加快农村地区宽带网络和第四代移动通信网络覆盖步伐,弥合城乡数字鸿沟	中共中央、国务院
2018年11月	《商务部办公厅关于进一步突出扶贫导向全力抓好电商扶贫政策贯彻落实的通知》	围绕脱贫攻坚,以电子商务进农村综合示范为抓手,扎实推进电商扶贫各项工作	商务部办公厅
2019年2月	《中共中央 国务院关于坚持农业农村优先发展做好"三农"工作的若干意见》	实施数字乡村战略。深入推进"互联网＋农业",扩大农业物联网示范应用。推进重要农产品全产业链大数据建设,加强国家数字农业农村系统建设	中共中央、国务院

续表 3-2

时间	政策名称	主要内容	发文单位
2019年5月	《数字乡村发展战略纲要》	明确实施数字乡村战略的四个阶段,部署数字乡村建设的十项重点任务	中共中央办公厅、国务院办公厅
2019年12月	《农业农村部 国家发展改革委 财政部 商务部关于实施"互联网+"农产品出村进城工程的指导意见》	建立完善适应农产品网络销售的供应链体系、运营服务体系和支撑保障体系,以市场为导向推动构建现代农业产业体系、生产体系、经营体系,助力脱贫攻坚和农业农村现代化	农业农村部、国家发展和改革委员会、财政部、商务部
2019年12月	《数字农业农村发展规划（2019—2025年)》	到2025年,农业数字经济占农业增加值比重从2018年的7.3%增长到15%;农产品网络零售额占农产品总交易额比重从2018年的9.8%增长到15%;农村互联网普及率从2018年的38.4%增长到70%	农业农村部、中央网络安全和信息化委员会办公室
2020年5月	《2020年数字乡村发展工作要点》	部署数字乡村发展工作要点,推动乡村数字经济发展,促进农业农村科技创新,建设绿色智慧乡村,加强数字乡村发展	中央网络安全和信息化委员会办公室、农业农村部、国家发展和改革委员会、工业和信息化部
2021年7月	《数字乡村建设指南1.0》	根据《数字乡村发展战略纲要》的有关要求,结合国家数字乡村试点工作重点任务部署,提出了数字乡村建设的总体参考架构,具体包括信息基础设施、公共支撑平台、数字应用场景、建设运营管理和保障体系建设等内容	中央网络安全和信息化委员会办公室、农业农村部、国家发展和改革委员会、工业和信息化部、科学技术部、国家市场监管总局、国家乡村振兴局
2022年8月	《数字乡村标准体系建设指南》	加强数字乡村标准化建设,指导当前和未来一段时间内数字乡村标准化工作。数字乡村标准体系框架由基础与通用、数字基础设施、农业农村数据、农业信息化、乡村数字化、建设与管理、安全与保障七部分组成	中央网络安全和信息化委员会办公室、农业农村部、工业和信息化部、国家市场监管总局

3.2 乡村规划建设实践与成效

在国家乡村振兴发展战略指导下,各级地方政府和村民委员会通过具体规划执行,主导以基础设施为代表的公共产品和公共服务,同时鼓励市场在资源配置上发挥重要作用,以此形成混合经济来带动乡村地区新的发展。乡村规划建设在全国范围广泛展开,乡村人居环境改善成效显著,为乡村的多元化发展奠定了社会与物质基础。

3.2.1　2000年以来乡村规划建设实践阶段特征

1) 以社会主义新农村建设为引领的基础环境整治阶段(2000—2010年)

2005年10月,党的十六届五中全会通过的《中共中央关于制定国民经济和社会发展第十一个五年规划的建议》指出,建设社会主义新农村是中国现代化进程中的重大历史任务,要按照"生产发展、生活宽裕、乡风文明、村容整洁、管理民主"的要求,坚持从各地实际出发,尊重农民意愿,从产业、基础设施建设、体制等八个方面实施,扎实稳步推进新农村建设。

2003年,浙江省实施了"千村示范、万村整治"的乡村建设工程。2005年,建设部在江西召开了全国村庄整治工作会议,村庄整治逐步在全国推开。

这一阶段的乡村规划建设主要以村庄整治为主,重点解决经济社会高速发展时期乡村环境中突出的生活垃圾、乱堆乱放、生活污水、工农业废弃物、河道沟塘等问题,村镇基础设施水平得到了较大提升。由于长期以来受到"重城轻乡"观念和二元体制的影响,尤其许多地方以迁村并点和村庄整治为重点,自上而下编制乡村规划,大多数新农村建设流于表面化,欠缺长效性思考(张京祥等,2013)。

2) 以美丽乡村为引领的人居环境改善阶段(2011—2016年)

党的十八大以来,国家积极践行生态文明建设理念,在新型城镇化和城乡发展一体化等战略引领下,提出要加强农村生态建设、环境保护和综合整治,努力建设美丽乡村。浙江于2010年颁布了《浙江省美丽乡村建设行动计划(2011—2015年)》,明确了美丽乡村建设的总体目标。江苏在2011年实施了"美好城乡建设行动",积极推进人居环境改善。

2013年中央一号文件《中共中央　国务院关于加快发展现代农业 进一步增强农村发展活力的若干意见》提出"推进农村生态文明建设""努力建设美丽乡村";农业部在2013年2月发布了《农业部办公厅关于开展"美丽乡村"创建活动的意见》,11月确定全国1 000个"美丽乡村"创建试点乡村。大力发展乡村产业,促进乡村创业增收与乡村复兴,变传统的附庸型消极发展为积极的自我特色化发展,在尊重乡村地方特色的基础上重塑乡村空间活力等一系列积极的公共政策陆续出台。

城乡一体化、城乡统筹成为这一阶段乡村规划建设的重点关注内容,公共服务设施、绿化美化、道路通达水平、建筑风貌特色化、基础设施提升、长效化管理,以及注重历史文化名村、传统村落的保护与发展等诉求,得到更多的关注。这一时期的乡村规划建设以项目为抓手,规划设计与项目投资开始作为一项重要的公共资源投入,嵌入与重构原有乡村社会,在乡村发展过程中发挥重要作用(申明锐,2023)。

3) 以乡村振兴为引领的多元价值挖掘阶段(2017年至今)

党的十九大报告提出乡村振兴战略。按照"产业兴旺、生态宜居、乡风文明、治理有效、生活富裕"的总要求,对实施乡村振兴战略做出阶段性谋划,明确至2020年全面建成小康社会。通过对比乡村振兴20字方针与新农村建设20字方针的异同点,可以看出新时期乡村建设拓宽了对传统农业的认识;内涵更丰富,农村要实现宜居宜业,生产、生活、生态统一;拓宽了治理机制;更关注农民对美好生活的追求。表3-3列出了这一时期的乡村振兴相关政策文件。

表3-3 2018—2021年乡村振兴相关政策文件

年份	乡村振兴相关政策文件	目标与任务
2018年	《乡村振兴战略规划(2018—2022年)》	—
	《农村人居环境整治三年行动方案》	明确了"推进农村生活垃圾治理、开展厕所粪污治理、梯次推进农村生活污水治理"三大重点任务
2019年	《自然资源办公厅关于加强村庄规划促进乡村振兴的通知》	力争到2020年底,结合国土空间规划编制在县域层面基本完成村庄布局工作,有条件、有需求的村庄应编尽编。主要任务包括统筹村庄发展目标、统筹生态保护修复、统筹耕地和永久基本农田保护、统筹历史文化传承与保护、统筹基础设施和基本公共服务设施布局、统筹产业发展空间、统筹农村住房布局、统筹村庄安全和防灾减灾、明确规划近期实施项目等
2020年	《中共中央办公厅 国务院办公厅关于调整完善土地出让收入使用范围优先支持乡村振兴的意见》	明确了土地出让收入的支农导向,要求"十四五"期末土地出让收益用于农业农村比例达到50%以上,体现了国家对乡村振兴和农业农村发展又一重大支持
2021年	《中共中央 国务院关于全面推进乡村振兴加快农业农村现代化的意见》	—
	《农村人居环境整治提升五年行动方案(2021—2025年)》	在总体目标上,从推动村庄环境干净整洁向美丽宜居升级。在保障措施上,从探索建立机制向促进长治长效深化

在国家乡村振兴发展战略指导下,大量的规划师、建筑师、艺术家和相关专业人士纷纷投身到乡村规划建设和乡村营建中,成为当下乡村建设最为活跃的群体。在乡村规划建设的20多年探索实践中,规划师逐渐达成以下几点共识:

一是严守生态保护红线和耕地红线,践行"绿水青山就是金山银山"理念,贯彻落实绿色可持续发展的原则,落实上位规划中所划定的"三线"和土地整治范围,重构乡村的生活、生产、生态空间。

二是乡村分类发展。乡村的多重功能和多元价值的可持续发展得到重视。在乡村规划实践中,不同类型的乡村分类发展的策略被广泛采用(张伟等,2020)。这一阶段不但关注个体的村庄物质环境建设和美丽村庄建设,而且关注在村域、镇域或县市区域内统筹乡村产业发展、文化建设、生态修复、人才培育、治理创新等方面的工作,发挥乡村的多重功能价值,开启了乡村建设的新时代。规划师也认识到乡村社会建设、产业重塑、多元就业、格局重整的需求与国家防范社会风险、保障粮食安全和生态安全的要求交织在一起,决定了乡村振兴的长期性、综合性和艰巨性,也构成了对国家现代化治理能力的重大考验(张尚武等,2022)。

三是增强乡村规划的实用性。从规划运行、编制重点和实用路径等方面,在实践过程中探索乡村规划如何兼顾系统性和实用性需求的路径。重点聚焦、补齐乡村基础设施、公共服务设施的短板问题。

四是倡导参与式、陪伴式乡村规划。在认识到传统的乡村自发生长和建设的方式难以存续,反思大投入、大规模的运动式乡村建设介入的弊端和问题后,乡村建设的第三种模式探索——陪伴式乡建开始成为一种重要的建设方式(李昌平等,2021)。一些建筑师和艺术家在乡村振兴实践中,广泛利用乡村当地建筑材料、传统特色文化、非物质文化遗产和传统手工业,建设乡村农宅和公共服务设施,打造具有当地元素和时代特色的创新产品,助力乡村振兴。

3.2.2 乡村人居环境规划建设成效显著

21世纪以来,乡村规划建设成效显著。乡村建设运动改善了乡村社会整体环境,尤其是乡村基础设施和基本公共服务、乡村通信网络、物流快速发展等,乡村人居环境条件获得明显改善。

1) 超过70%的行政村已编制村庄规划

乡村建设,规划先行。农业农村部的数据显示,到2020年底,全国有村庄规划的行政村共37.06万个,比上年增加2.09万个;有村庄规划的行政村占比达到70.67%,比上年提高7.19%。目前,全国大部分的行政村已有村庄建设规划,为今后深入推进乡村建设行动奠定了坚实基础。

2) 乡村供水、供电、道路和邮政等基础设施建设取得显著成效

自乡村振兴战略实施以来,农村各类基础设施建设的进程加快。从取得的成效来看,到2020年,全国农村的供水普及率达到83.37%;农村地区已经基本实现稳定可靠的供电服务全覆盖;全国已有43.93万个行政村实现了村内主要道路全部硬化,占比达到83.78%;全部乡镇都已经建有邮政局所,全部建制村实现了直接通邮,97%的乡镇有了快递网点。但从主要短板和不足来看,2020年全国农村的燃气普及率仅有35.08%,较城镇地区仍有差距。

2021年,现有行政村已全面实现"村村通宽带",但农村地区的互联网普及率约为57.6%,比城镇地区的互联网普及率低23.7%。

物流方面发展加速,快递企业深入农村。2014年全国邮政管理工作会议首次提出快递向西、向下、向外"三向"发展思路,提出实施"快递下乡"工程。"快递下乡"工程一经提出便得到快递企业的积极响应与参与,快递网点的乡镇覆盖率从2014年的不到50%提升至2019年上半年的95.2%,20多个省(区、市)实现乡镇快递网点全覆盖(图3-1)。在全国4.2万个乡镇中,仅有不到2 000个乡镇没有被覆盖。部分地区由快递下乡向快递进村延伸,服务网络进一步下沉。农村快递网络覆盖的广度和深度稳步提升。

图3-1　2014年至2019年8月底快递网点乡镇覆盖率增长情况

3)乡村基本公共服务不断提升

乡村基本公共服务不断提升。在医疗卫生服务方面,截至2019年底,全国基本实现每个县都有综合医院和中医院,每个乡镇都有一所乡镇卫生院,每个行政村都有一所卫生室。在养老服务方面,截至2018年底,社区养老照料机构和设施达4.5万个,社区互助型养老设施达9.1万个,社区留宿和日间照料床位达347.8万张(魏后凯,2022)。

在义务教育方面,全国已全面实现基本普及九年义务教育目标。农村义务教育"上学难"的问题已经有了根本改善。据教育部财务司数据,2012年起,我国连续9年国家财政性教育经费占国内生产总值(GDP)的比重"不低于4%"。10多年间,中央财政累计投入4 000多亿元,带动地方投入超过1万亿元,着力解决"乡村弱、城镇挤"等突出问题,缩小城乡学校办学条件差距,"全面改善贫困地区义务教育薄弱学校基本办学条件"等重大项目得以实现。

4)乡村人居环境明显改善

整治农村人居环境是乡村建设行动的重要内容。自2018年开展"农村人居环境整治三年行动"以来,村庄环境持续改善,现已基本实现干净整洁有序。到2020年,全国对生活垃圾进行收运处理的行政村占比超过90%,农户使用卫生厕所的占比达到68.0%,农村生活污水治理率达到25.5%。在此基础上,2021年中共中央办公厅、国务院办公厅印发《农村人居环境整治提升五年行动方案(2021—2025年)》,强调"十四五"时期要实现农村卫生厕所普及率稳步提高,农村生活污水治理率不断提升。有研究表明,到2025年,全国有条件实现农村卫生厕所普及全覆盖、农村生活污水处理率大幅提高。

表3-4列出了"十三五"时期我国乡村规划建设成效。

表3-4 "十三五"时期乡村规划建设成效

乡村规划建设内容		2015年	2020年
乡村基础设施	农村道路硬化率/%	—	83.73
	农村自来水普及率/%	76.00	83.37
	农村燃气普及率/%	—	35.08
	农村互联网普及率/%	31.6	57.6
乡村基本公共服务	农村小学生均公共预算教育经费/元	8 576.80	11 541.34
	农村初中生均公共预算教育经费/元	11 126.60	15 731.01
	农村基层医疗卫生床位数/万张	119.6	139.0
	农村低保平均标准/(元·年$^{-1}$)	3 744	5 842
乡村人居环境整治	农村生活垃圾收运处置覆盖率(行政村)/%	—	96
	农村生活污水治理率/%	22.0	25.5
	农村卫生厕所普及率/%	—	68

综上,国家乡村振兴战略全方位支持乡村发展,发布了一系列政策支持农村发展电子商务。在经济发展较为薄弱的地区,地方基层政府在农村电子商务发展过程中发挥着重要的推动作用。同时,乡村规划建设在全国范围广泛展开,乡村人居环境改善成效显著,为乡村多元化发展奠定了坚实的物质基础条件。

3.3 淘宝村的发展情况与类型特征

自2009年全国发现3个淘宝村以来,近10多年来,全国农村地区涌现出大量淘宝村。截至2020年底,在全国25个省(自治区、直辖市)已经发现各类淘宝村5 000多个。

3.3.1 发展阶段

在过去10多年里,淘宝村(镇)呈现出巨大的自下而上、蓬勃发展的活力,主要经历了以下两个阶段:

一是早期的自发发展阶段(2009—2014年)。2003年阿里集团启动淘宝平台,产生了中国第一个消费者对消费者(C2C)模式。一些零碎的反应开始在乡村出现,主要是利用电子商务在网上销售(农)产品。在发展早期,主要是分散的农户和小企业利用电子商务在淘宝平台上销售(农)产品,网上销售的利润促进淘宝村生产更多的产品。一开始,那些大量由乡镇企业转制而来的小企业和农村家庭作坊,率先从电子商务上探索出路。大企业因为有规模效应和线下的分销渠道,并没有加入这一阶段的电子商务活动中[①]。在淘宝村的发展初期,一些拥有集群、专业市场、专业村等产业资源,由市场自发驱动经由复制裂变形成的淘宝村,具有显著的自下而上特征(罗震东,2020;范轶琳,2022)。

二是加速发展阶段(2015年至今)。从增速来看,2015—2017年全国淘宝村年均增长635个;2018—2020年全国淘宝村年均增长1102个,增速进一步加快(王明杰等,2022)。大大小小的电商产业园、厂中厂、家庭作坊、"淘宝村一条街"等出现在淘宝村,淘宝村的电子商务发展开始加速。一些淘宝村表现出类似小城镇的发展趋势。

在加速发展阶段,在看到互联网巨大市场红利后,大量传统品牌也开始将自己改造为"多渠道"组织形式,即"砖头和点击"模式(Currah,2002)。同时,政府加大鼓励农村电子商务发展并出台相关政策,驱动电子商务服务商孵化,很多大企业也加入进来。随着电子商务和地方生产结合并不断演化,出现了新的信息中介和数据服务商,这进一步加快了农村电子商务活动的演化。

另外,在淘宝村从东部沿海地区向中西部空间扩散发展的过程中,农村电商在市场主导的情况下,市场主体会优先选择在发展条件成熟、阻力较小、容易见效的地区落地实施(汪向东等,2014)。

3.3.2 类型特征

大部分淘宝村依托县域经济发展,经营特色农产品、手工业产品以及初级工业产品等。由于主营产品的差异,淘宝村的发展表现出较明显的差异性。

1) 基于特色农产品的淘宝村

这类淘宝村的特点包括:①所生产的农产品具有地方特色,辨识度高;农产品产业规模较大,成为村庄的支柱产业;经过长期的传播和连片的发展,已经形成了良好的区域知名度(曾亿武等,2016)。②从空间上看,一般位于传统农村地区并在一定程度上保留了农村生活聚落形态。③经营电商的行为主体以本地农民为主(曾亿武等,2015)。以宿迁市沭阳县新河镇花木淘宝村为例,新河镇有300年的种植传统,素有"花木之乡"的美誉,丰富的种植经验使得花木的种植规模逐渐扩大。随着电子商务经济的发展,花农网上开店近万家,促进了花木淘宝产业集群和当地大量淘宝村的形成。

2) 基于手工业产品的淘宝村

手工艺村是手工艺品的制造和交易中心,村里的工艺师傅沿袭世代相传技艺,就地取材,以手工生产为主,创造出各式各样的艺术品。以手工艺产品为主导产业的淘宝村往往具有一定的地方独特性,生产的产品是其他村难以复制的。由于手工艺制品,尤其是纯手工制品,难以形成较大的规模,电商发展的程度和规模低于相对成熟的各种工业产品淘宝村。

3) 基于初级工业产品的淘宝村

这类淘宝村的特点包括:①它们往往依托当地传统产业或地方专业市场,快速形成家庭作坊或中小型工厂、专业市场、电商经营、物流等较完整的产业集聚和产业链。②从空间上看,由于专业市场大多处于一个地区的经济中心,专业市场衍生出的淘宝村大多分布在距专业市场 0.5—1 h 车程范围内,所以这类淘宝村大多属于城郊村或者镇郊村,有着较明显的区位优势,并呈现出"就近扩展—近距离扩展—较远距离扩展"的空间扩散趋势(杨思等,2016)。③这些工业产品生产由于属于劳动密集型行业,通常吸纳大量外来人口从事生产加工或电商经营。

3.4 淘宝村的空间分布特征

集聚是经济活动最为突出的特征之一。朱邦耀等(2016)、徐智邦等(2017)、曹义等(2019)、王明杰等(2022)学者应用地理信息系统(Geographical Information System,GIS)等空间分析工具都验证了淘宝村在空间上具有一定的集聚特征。

1) 淘宝村呈现东中西梯度空间格局,东部地区集聚现象明显

我国淘宝村的发展呈现较为明显的东中西梯度分布格局。大部分淘宝村集中在我国东南沿海发达地区乡村。2020 年,我国有 28 个省(自治区、直辖市)出现了淘宝村(表 3-5)。东部沿海省份为淘宝村主要分布的区域,沿海六省(浙江、广东、江苏、山东、河北、福建)共计有 4 985 个淘宝村,占全国淘宝村总数的比重为 91.89%。单建树等(2017)根据 2014—2016 年淘宝村、镇的相关数据研究发现,淘宝村、镇在全国范围内存在三大集聚区域,从北至南分别为北部的苏北、鲁南与冀中南地区,中部的浙江全省和江苏省南部地区,以及南部的珠三角、潮汕与闽东南地区。三大淘宝村、镇集聚区域与中国东部主要的经济区存在整体一致和局部错位的特征。区域中心城市因其特定的经济、社会特征通常并非淘宝村、镇集聚程度最高的地区。

中西部淘宝村与农村自然资源禀赋和地理条件密不可分。地理第一性仍然发挥重要作用,大量的淘宝村与地理标志农产品、非物质文化遗产、地方专业市场、一村一品等密切相关。

2) 县域经济特征明显

大部分淘宝村的发展离不开县域经济的支持。县域经济以县城为中心,以农村为腹地,在县级区划的地域内,统筹安排和优化经济社会资源形成的功能完备、具有地域特色的区域经济。县域是淘宝村发展的重要场域

和关键支持。以县域为主体的乡村信息基础设施建设,以及教育、医疗、养老、文化等方面的公共服务设施建设是淘宝村发展的基本保障。

表 3-5　2015—2020 年全国部分淘宝村和淘宝镇分布情况

省(自治区、直辖市)	2015 年		2016 年		2017 年		2018 年		2019 年		2020 年	
	淘宝村/个	淘宝镇/个	淘宝村/个	淘宝镇/个	淘宝村/个	淘宝镇/个	淘宝村/个	淘宝镇/个	淘宝村/个	淘宝镇/个	淘宝村/个	淘宝镇/个
浙江	280	22	506	51	779	77	1 172	128	1 573	240	1 757	304
广东	157	20	262	32	411	54	614	74	798	155	1 025	225
江苏	127	11	201	17	262	29	452	50	615	155	664	248
山东	63	6	108	12	243	36	367	48	450	87	598	134
河北	59	5	91	8	146	16	229	27	359	149	500	220
福建	71	7	107	13	187	24	233	29	318	106	441	153
河南	4	0	13	0	34	2	50	3	75	44	135	94
湖北	1	0	1	0	4	0	10	0	22	15	40	29
天津	3	0	5	0	9	1	11	2	14	2	39	13
北京	1	0	1	0	3	1	11	1	11	1	38	37
江西	3	0	4	0	8	0	12	0	19	46	34	54
安徽	0	0	1	0	6	0	8	0	13	48	27	68
四川	2	0	3	1	4	1	5	0	6	14	21	38
上海	0	0	0	0	0	0	0	0	0	0	21	28
陕西	0	0	0	0	1	0	1	0	2	1	16	2
湖南	3	0	1	0	3	0	4	0	6	20	12	33
广西	0	0	0	0	1	0	1	0	3	9	10	15
重庆	0	0	0	0	1	0	3	0	3	0	9	3
辽宁	1	0	4	1	7	1	9	1	11	6	9	8
山西	1	0	1	0	2	0	2	0	2	3	7	11
云南	2	0	1	0	1	0	1	0	1	9	6	14
吉林	1	0	1	0	3	0	4	0	4	2	4	5
贵州	0	0	0	0	1	0	1	0	2	1	4	2
新疆	0	0	0	0	0	0	1	0	1	0	3	0
黑龙江	0	0	0	0	0	0	0	0	1	5	2	8
宁夏	0	0	0	0	1	0	1	0	1	0	1	0
海南	0	0	0	0	0	0	0	0	0	0	1	1
甘肃	0	0	0	0	0	0	0	0	0	0	1	0
内蒙古	0	0	0	0	0	0	0	0	0	0	0	8
西藏	0	0	0	0	0	0	0	0	0	0	0	1
合计	779	71	1 311	135	2 118	242	3 202	363	4 310	1 118	5 425	1 756

注:本次统计不含我国青海和港澳台地区数据。

淘宝村的发展促进了县域经济的升级与转型,加速了县域经济从传统的农业经济向数字经济的转型。淘宝村能够吸引更多的农民和农村企业进入电商领域,推动商品流通和市场融合,促进县域的数字化和信息化发展。

3) 不同省份淘宝村发展

表3-6列出了我国部分省份淘宝村的发展情况与主营产品。我国东部沿海省份淘宝村经营产品类型丰富,以工业产品为主,大多形成规模生产。东部地区的一些淘宝村正在从乡村经济和乡镇企业模式向规模化经济升级。淘宝村的产品特色通常与所在地市的传统产业集群有较高的重合度。其中浙江、广东和江苏三省制造业基础扎实、资本活跃、基础设施发达,依托既有的产业集群,一大批专业从事服装、纺织、箱包、家具、五金、模具、电气配件、花卉苗木等相关产品的淘宝村快速涌现,孕育了全国一半以上的淘宝村。尤其是轻工业中与日常生活密切相关的服装、鞋业、箱包、家具等行业,网商销售的集中度非常高。

中西部地区淘宝村的主营产品与地方资源联系更为紧密,其中农产品淘宝村的发展比较突出。此外,电子商务也重新激活了曾经被规模化生产挤压的中西部地方手工艺产品。如河南省淘宝村近年来发展速度较快,2022年淘宝村发展到188个,淘宝镇121个,居中西部第一。河南作为我国农产品资源丰富的大省,农村电子商务的出现拓宽了河南农村销售农产品的市场渠道,带动了农村经济的快速持续增长。手工艺产品淘宝村,如湖北的绿松石手工艺制品、云南的银饰、河南的社火道具和牡丹画等。这类手工艺制品虽然难以形成较大的产业规模,但其地方文化特色也难以被其他地区模仿。

表3-6 我国部分省份淘宝村的发展情况与主营产品

地区	淘宝村发展情况与主营产品
浙江	依托发达的贸易网络,义乌地区有数量众多的贸易集散型淘宝村;温(州)台(州)地区和宁波、杭州等地的淘宝村依托强大的个体私营经济基础,占据着相关行业的领先地位;遂昌县农村电子商务的"遂昌模式",即"电子商务综合服务商+网商+传统产业",以农产品为特色,多品类协调发展、城乡产品互动的模式,被誉为中国农产品电子商务模式之首
广东	广州淘宝村有服装、皮具、汽配等产业,潮汕淘宝村有玩具、内衣家居服等产业,乡村产业集聚为淘宝村奠定了基础。汕头、揭阳淘宝村大多基于支柱产业:汕头有两大支柱产业——玩具和内衣家居服;揭阳则主要以服装业为主,生产经营一体化。汕头、揭阳依托支柱产业在货源、价格方面占据优势,吸引外来创业者,汕头政府积极推动传统制造业的转型和升级
江苏	江苏省内南北差异明显。苏南地区产品类型多样,常熟服装、南通家纺均已形成较大规模的淘宝村集群;苏州阳澄湖大闸蟹农产品淘宝村的品牌附加值高。在苏北地区,沙集东风村是全国最早出现的三大淘宝村之一,围绕沙集镇、横跨徐州、宿迁两市已经形成一个板材家具集群。苏北沭阳凭借花卉苗木优势占据全网花卉苗木销量的四成以上

续表 3-6

地区	淘宝村发展情况与主营产品
山东	山东淘宝村数量最多、集群程度最高的地区是以菏泽为代表的鲁西南地区。其中,曹县的演出服饰知名度最高,屡见报端[②]。据统计,曹县约有汉服及上下游相关企业 2 000 多家,原创汉服加工企业超过 600 家。单县的木制家具,博兴及周边县市的草柳编等工艺品产业也已初步具备全国影响力。此外在滨州、临沂、青岛、泰安、烟台等地还有从事厨具、金蛋艺术品、发制品、肥城桃、艺术苹果等相关细分门类的淘宝村
河北	清河的毛衣羊绒、白沟的箱包、平乡的童车、高碑店的风机等,特色最为鲜明。羊平石雕、藁城宫灯等民俗工艺则另辟蹊径彰显地方特色
福建	淘宝村以鞋业为主。除鞋业以外,福建的五金、电子元件等产业也通过"触网"延续着传统的集群优势。此外另有仙游的红木木雕、德化的陶瓷茶具、石狮的服装、厦门的玛瑙饰品等也持续为福建淘宝村的发展贡献活力
河南	作为我国农产品资源丰富的大省,电子商务的出现和快速发展拓宽了河南农村电商和销售农产品的市场渠道,带动了农村经济的快速持续增长。各村除经营农副产品、家具、金属制品等常规门类外,还包含了牙科医疗器械、牡丹画、无框画、鼓、艾草艾绒、玛瑙玉石、蜂机具、社火道具、皮毛制品等多种特殊类型。众多特色产品,既有对传统民俗的继承与坚守,也有对技术的改良。洛阳市毗邻白马寺的平乐村,依靠定制牡丹花画,成为"中国牡丹画第一村",电子商务为民间艺术注入了新的活力
陕西	省内形成了陕南、关中、陕北差异性较大的农特产品生产基地。优势农产品有猕猴桃、苹果等。武功县被称为"西北电商第一县",以销售农产品为主。武功电商园区聚集了西北地区 300 多种农特产品,并形成了产品的生产、加工、物流等产业链,成为陕西乃至西北最大的农产品集散地以及农产品电商企业集聚地。知名农产品包括麻花、烧鸡、锅盔、香醋、苏绘手工织布等
广西	在中西部地区,淘宝村发展初期的"小散"特点明显。以柳州市的基隆村为例,该村规模不大,主要经营果蔬和当地特色产品,其中最为出名的有螺蛳粉等小吃商品
吉林	特色产品主要为大豆、食用菌、黑木耳等农产品;辽宁淘宝村最有影响力的主营产品是服装,尤其海城市一枝独秀,依托西柳中国商贸城在北方地区的影响,形成了以北派服装、小商品产业为主的淘宝村
黑龙江	五常市七一村主要销售五常大米、蜂蜜、木耳、豆油等农产品。2019 年五常市村级服务站发货 22 万件,带动农产品销售额 5 200 万元左右

注:社火是中国民间一种庆祝春节的传统庆典狂欢活动,也是高台、高跷、旱船、舞狮、舞龙、秧歌等等的统称,具体形式随地域而有较大差异。主营社火道具的河南省许昌市灵井镇的霍庄村,生产历史可上溯百余年,曾经一度难以为继,如今借助电商平台重焕生机。根据相关报道,村里 80% 的村民从事舞狮、龙灯、旱船、宫灯、花灯等产品的加工生产。

3.5 淘宝村:自下而上的创新实践

在经历了 40 多年的经济高速增长后,中国拥有超大规模的、多层次的消费市场和庞大的国内消费群体。面向高度多元化的消费者,无数小微个体的创新远比大企业更具有优势。相比传统企业的创新方式,淘宝村的创新实践有哪些相似或不同的特点?

表 3-7 从组织方式、生产资料、空间成本、创新方向、创新主体、创新动力、创新条件几个方面,对淘宝村创新与传统企业创新进行了比较。一方面,淘宝村的创新实践紧密依托互联网平台,与平台形成电商共同体关系,具有明显的自下而上特征和互联网经济特征。这些创新方式基于互联网经济,具有创新性、个性化、用户体验为核心目标等特点,适应不断变化的市场需求,提升消费者满意度,从而增加自身的市场竞争力。另一方面,淘宝村利用乡村本地资源、特色资源,拥有低成本土地、房屋、人工等优势,以及乡土中国追求家庭福利增长的微观动力机制,创新活力不断涌现。

表 3-7 淘宝村创新与传统企业创新的特征比较

类别	传统企业	淘宝村
组织方式	企业组织有明确的组织边界、固定的组织形态、稳定的科层结构和标准的绩效体系	淘宝村与平台企业形成电商共同体关系。在发展初期,为农户家庭内部分工,农户之间的联系松散;在成熟期,联系的密度和频率增加,一些农户和企业之间存在生产上下游的关系
生产资料	生产资料有一定的投入成本	利用乡村本地资源、特色资源,成本较低
空间成本	企业根据办公、生产、仓储需求,有一定的空间使用成本	利用乡村土地低成本、房屋低成本的优势
创新方向	有较明确的创新计划和方向	无固定方向,具有开放性、广泛性、多元性、灵活性和互动性的特点,形成"万众创新、大众创业"
创新主体	企业内部成员为主	淘宝村大量的普通农户和小微企业,同时利益相关者包括消费者、竞争者、合作者、平台技术变革等
创新动力	市场压力、企业经营需求、企业文化	传统乡土中国追求家庭福利增长的动力和"草根"奋斗精神
创新条件	科技构成企业的核心竞争力,利用技术改进、专利发明、组织变革等促进创新	利用数字创新,采用信息、沟通等多种方式,带来新产品、改进生产过程、创建和改变商业模式

基于互联网经济的特点,淘宝村的产品创新主要有以下几种类型:

1) 基于数据的创新

通过对数据进行分析和挖掘,淘宝村新农人可以了解用户的消费习惯和需求,设计出更加个性化、有针对性的产品和服务。这种创新是以大数据分析为基础,深入了解用户需求及行为,精确分析数据,为用户提供更加个性化的服务。

2) 基于用户体验的创新

这类创新是为了更好地提供服务和产品的使用感受,通过优化产品设计、交易体验以及售后服务等细节,提升用户的满意度和忠诚度。近年来,大量淘宝村的新农人都在尝试使生产产品专业化、规范化和产业升级。专业化,即销售、生产、服务等环节逐步分工并向专业化发展,形成细化的产业领域,经营规模、发展方向呈现多元化特征;规范化,即生产转向重视产品和服务的方向,注重塑造品牌和规范内部管理;产业升级,通过产业升级迭代完成产品的品质突破。

3) 利用互联网新商业模式的创新

淘宝村围绕电子商务组织生产,利用网络经济的长尾效应,收集消费者的多元化需求。

就花木市场而言,消费者往往需要多品种、小批量的花木,而颜集镇当地种植则是以少品种、大批量为主。通过农户或者网店之间默契的"串货"协作关系就可以解决,通常是每家只种植自己最擅长的品种,遇到消费者下单其他产品时,就很方便地从其他家拿货。

——阿里巴巴(中国)有限公司:《中国淘宝村》,电子工业出版社,2015

淘宝村在销售方式与物流方面的创新现象有以下几种:

(1) "爆款"产品销售现象

"爆款"即人气爆棚的产品款式。"爆款"一词,最初是由服装行业演化而来,通常是指人气极佳、卖到脱销的服装或者款式。而现在已经被广泛应用于网店电商行业,通常是指人气极佳、产品出众的产品。销售"爆款"产品成为淘宝网小微店铺较为常用的一种竞争策略,应用"爆款"创新销售方式被认为可以提高店铺流量、拉高人气、减少库存,以及关联销售,带动其他产品销售。

一款爆款服装的生命周期通常在两三个月。如果正常申请专利需要 6 个月,而在曹县申请专利只需 10 天。这意味着今后曹县汉服将大幅缩短外观设计的审查周期,倒逼当地从业者提高自身品牌款式设计能力,加速转型升级。

——覃澈:《实探 | 曹县汉服"迭代",突破百元圈子》,新京报贝壳财经 2023 年 3 月 17 日

(2) 县长带货助农

2020 年,电商直播带货风头日盛,各大平台电商主播频上热搜,在众多热闹的电商带货直播间里,少不了一个"现象级景象"——县长带货直播。据报道,截至目前,共有 110 位市长、县长走进"县长来直播"直播间,帮助销售农产品 1.23 亿元,其中 6 819 万元来自贫困县。

——常莹:《县长直播带货,下半场路在何方》,《光明日报》2021 年 1 月 2 日

2019 年,淘宝直播上线了"县长来了"村播项目,与来自河南、山西等 11 个省市的代表共同启动了"村播计划",与全国 100 个县域建立了长期直播合作,助力农产品出村进城,"村播计划"的多场直播均实现了销售额超过千万元的业绩。淘宝数据显示,截至 2020 年第一季度,农产品相关直播已达 140 多万场,覆盖全国 31 个省(自治区、直辖市)(不含我国港澳台

地区)、2 000多个县,引导60 000多位新农人加入。县长、市长们参与直播,一方面以社会公众人物的身份为区域性的特色农产品提供了信用背书,同时采摘、试吃、下厨等接地气的沟通方式,也极大地调动了消费者的购买兴趣;另一方面以服务型政府的姿态为普通农民和老百姓做出榜样,带动农民和相关从业者转变思路、勇敢尝试新的营销方式,加强与终端消费者的互动,为农产品打开更多的新销路(郭红东等,2020)。

随着直播方式的推陈出新,仓库、市场档口、工厂、田间地头、旅游景点、餐饮、文化设施等成为更接地气的直播场所。其中,仓播将直播间设在存放商品的产地仓等现场,消费者可以直接看到售卖的商品。

田野里架起直播间,土特产变身"网红尖货";利用物联网系统,田间管理更"智慧";通过数字化物流平台,解决农产品运输"堵点""卡点"……"直播一晚,卖出了40万元的手工腐乳"——来自湖南省娄底市新化县的"90后"农村女孩曾庆欢,曾创造出这样的销售业绩。

"湘妹心宝"电商示范基地坐落在一处低调的农舍里。在基地内部,素材拍摄场景、特色产业直播间,以及仓储、冷藏、物流打包车间和多功能培训室等一应俱全。

——李嘉宝:《"新农人"网上闯出致富路(网上中国)》,人民网2022年6月20日

我国许多非物质文化遗产项目产生于乡村,来自乡村的生产和生活,其生命力也在乡村。2022年,淘宝非物质文化遗产相关直播场次超过100万场,非物质文化遗产直播引导交易额近80亿元,参与直播的商家约3.3万家③。

(3) 与物流企业协同创新

淘宝村与物流企业协同创新的现象较为普遍。尤其是在农产品物流创新方面,发展迅速。例如,顺丰快递企业在冷链仓储、冷链配送、包装环节都进行了新的探索④。

通过不断摸索,阳澄湖大闸蟹的包装已趋于统一,通常为采用聚乙烯网袋按规格大小和雌雄分别装入大闸蟹,蟹腹部朝下排列整齐,打上标签后将袋口扎紧,然后装入泡沫箱,并在泡沫箱中放入冰块保温。

由于大闸蟹产业的生鲜特点对供应链的要求较高,企业对供应链也在不断进行优化。以大闸蟹品牌"金旺"为例,其提出"顺丰包邮,最快24 h到货",具体涵盖深夜捕捞(21点开始捕捞)、严格筛选(23点开始筛选成熟的大闸蟹)、凌晨打包(3点开始,工人徒手绑好大闸蟹,然后装进专业的泡沫箱打包发货)与顺丰空运(早上9点开始,顺丰快递前来取件,运至机场,从而实现"最快24 h到货"的目标)。

——阿里巴巴(中国)有限公司:《中国淘宝村》,电子工业出版社,2015

物流企业在乡村物流服务空间布局上不断优化调整。针对淘宝村的

物流大户提供定向上门服务,分区分片实现物流网格服务全覆盖。

此外,淘宝村还出现了一些新的空间现象(表3-8)。如淘宝一条街,通常在原村庄主干道或交通便利的乡村道路基础上发展而来,分布着各种小的网店、快递点、淘宝拍照店等。又如,一些发展较好的淘宝村,新建电商产业园,或是利用原有村镇厂房进行更新改造,适应电子商务的发展。

表3-8 淘宝村新的空间利用方式

空间需求	空间利用	新的空间现象
生产空间	生产空间承载产品的生产过程。对空闲的村庄工厂、原有旧厂房、旧商店,或水、电供应方便的空转场地等进行改造和利用	(1)淘宝一条街:在淘宝村发展初期,大量网店、淘宝招工、拍照、模特等服务的店铺、快递点、电信服务等密集分布的一条街。主要位于出入方便的村里主干道 (2)淘宝电商园区:规模较大的淘宝村,建设电商园区实现进一步发展 (3)"虚拟化"空间场景出现
仓储空间	淘宝村的产品需要存贮和管理,对空闲的仓库、库房等来进行改造和利用。或在生产车间考虑建设临时的库房或者分区进行现场管理	
产品展示空间	淘宝村还需要对其生产的产品进行展示推广,以吸引更多的客户和市场需求。可以寻找空置的村级文化礼堂、旧图书馆等场所进行改造和利用,或者利用场地在村庄周围建设小型景区等	
物流运营空间	物流配送、售后服务也是淘宝村生产所需空间。与空置的商业物流园区、电商物流中心等场所进行合作运营	

本书第二部分将进入我国苏南地区这一具体的地理区域,更加详细地观察淘宝村现象,解析其内在动力机制。

第3章注释

① 在2008年全球金融危机之后,中国经济开始"出口转内销"。颁布了一系列利好于电子商务商业环境的政策。随后,一些大企业开始将一部分业务转向线上。
② 参见网易《"北上广曹"!山东曹县为什么突然火了?还变成了"宇宙中心"》。
③ 参见《2022非物质文化遗产消费创新报告》。
④ 在冷链配送环节,所有的生鲜食品都要被存放入温控箱,箱体周围用冰板隔离以控制温度。在包装环节,新鲜的蔬菜包装采用形状固定的盒子,以防止运送过程中受到挤压,同时还要保证盒子透气,使蔬菜能够自由呼吸;不同种类的蔬菜需要分开包装,以防止互相挤压和串味。

第3章参考文献

曹义,罗震东,乔艺波,2019. 边缘的集聚:长三角淘宝村的空间特征、趋势与规划应对[J]. 上海城市规划(5):22-28,36.
陈恒礼,2015. 中国淘宝第一村[M]. 南京:江苏人民出版社.
陈宏伟,张京祥,2018. 解读淘宝村:流空间驱动下的乡村发展转型[J]. 城市规划,42

(9):93-101.

陈锡文,2013.三农问题是城镇化进程中最大的问题[J].江苏农村经济(7):7-8.

崔丽丽,王骊静,王井泉,2014.社会创新因素促进"淘宝村"电子商务发展的实证分析：以浙江丽水为例[J].中国农村经济(12):50-60.

范轶琳,2022.中国淘宝村：包容性创新模式、机理及演化路径研究[M].杭州：浙江大学出版社.

费孝通,1948.乡土中国[M].上海：观察社.

郭红东,曲江,2020.直播带货助农的可持续发展研究[J].人民论坛,675(20):74-76.

黄伟,2021.中国农村电商的发展机制及路径：家庭经营模式创新的视角[M].北京：中国社会科学出版社.

李昌平,傅英斌,2021.中国乡建途径探索：从顶层设计到落地实施[M].杨莉,译.沈阳：辽宁科学技术出版社.

李强治,2019.中国电商基因：交易方式变革、平台架构创新与中国电商经济体的成长[M].北京：中国财政经济出版社.

李柱,2011.从沙集模式解读农村电子商务[J].江苏农村经济(9):60-62.

刘亚军,储新民,2017.中国"淘宝村"的产业演化研究[J].中国软科学(2):29-36.

龙花楼,2013.论土地整治与乡村空间重构[J].地理学报,68(8):1019-1028.

鲁夏平,2022.淘宝村空间集聚及演化特征研究：以广东省为例[J].陕西理工大学学报（自然科学版）,38(3):77-83.

陆益龙,2015.后乡土中国的基本问题及其出路[J].社会科学研究(1):116-123.

罗震东,2020.新自下而上城镇化：中国淘宝村的发展与治理[M].南京：东南大学出版社.

梅燕,蒋雨清,2020.农村电商产业集群驱动区域经济发展：协同效应及机制[M].杭州：浙江大学出版社.

梅耀林,许珊珊,杨浩,2015.更新理念 重构体系 优化方法：对当前我国乡村规划实践的反思和展望[J].乡村规划建设(2):67-86.

单建树,罗震东,2017.集聚与裂变：淘宝村、镇空间分布特征与演化趋势研究[J].上海城市规划(2):98-104.

申明锐,2023.可持续乡村振兴及其规划治理[M].北京：中国建筑工业出版社.

汪向东,2010."沙集模式"及其意义[J].互联网周刊(23):107-110.

汪向东,梁春晓,2014."新三农"与电子商务[M].北京：中国农业科学技术出版社.

王明杰,颜梓晗,余斌,等,2022.电子商务专业村空间格局演化及影响因素研究：基于2015—2020年中国淘宝村数据[J].地理科学进展,41(5):838-853.

王贤文,徐申萌,2011.中国C2C淘宝网络店铺的地理分布[J].地理科学进展,30(12):1564-1569.

王晓毅,2016.中国农村社会学研究：第二辑[M].北京：中国社会科学出版社.

魏后凯,2022.中国"三农"研究：第六辑[M].北京：中国社会科学出版社.

文旅产业指数实验室,2022.2022非物质文化遗产消费创新报告[R].北京：文旅产业指数实验室.

吴昕晖,袁振杰,朱竑,2015.全球信息网络与乡村性的社会文化建构：以广州里仁洞"淘宝村"为例[J].华南师范大学学报（自然科学版）,47(2):115-123.

徐宪平,等,2018.国家发展战略与宏观政策[M].北京：北京大学出版社.

徐智邦,王中辉,周亮,等,2017.中国"淘宝村"的空间分布特征及驱动因素分析[J].经济地理,37(1):107-114.

许婵,吕斌,文天祚,2015.基于电子商务的县域就地城镇化与农村发展新模式研究[J].国际城市规划,30(1):14-21.

杨思,李郇,魏宗财,等,2016."互联网+"时代淘宝村的空间变迁与重构[J].规划师,32(5):117-123.

杨团,刘建进,仝志辉,2022.探路乡村振兴的基层实践:"乡村振兴探路者论坛"2021年度案例观察[M].北京:中国社会科学出版社.

俞金国,王丽华,李娜,2010.电子商铺空间分布特征分析:来自淘宝网的实证[J].经济地理,30(8):1248-1253.

曾亿武,郭红东,2016.农产品淘宝村形成机理:一个多案例研究[J].农业经济问题,37(4):39-48,111.

曾亿武,邱东茂,沈逸婷,等,2015.淘宝村形成过程研究:以东风村和军埔村为例[J].经济地理,35(12):90-97.

张嘉欣,千庆兰,2015.信息时代下"淘宝村"的空间转型研究[J].城市发展研究,22(10):81-84,101.

张京祥,罗震东,2013.中国当代城乡规划思潮[M].南京:东南大学出版社.

张尚武,李京生,栾峰,等,2022.乡村振兴的规划议题与学科发展思考[J].城市规划,46(10):18-24.

张伟,徐宁,胡剑双,2020.从特色田园乡村实践探讨我国乡村振兴的路径[J].城市规划,44(11):97-105.

周其仁,2013.城乡中国(上)[M].北京:中信出版社.

朱邦耀,宋玉祥,李国柱,等,2016.C2C电子商务模式下中国"淘宝村"的空间聚集格局与影响因素[J].经济地理,36(4):92-98.

CURRAH A D,2002. Behind the web store:the organisational and spatial evolution of multichannel retailing in Toronto[J]. Environment and planning A:economy and space,34:1411-1441.

LI A H F,2017. E-commerce and Taobao villages:a promise for China's rural development[J]. China perspectives(3):57-62.

第3章图表来源

图3-1源自:笔者根据国家邮政局数据整理绘制.

表3-1源自:笔者根据韩长赋2018年12月4日在农业农村部农村改革40年专题会上的报告整理绘制.

表3-2源自:笔者根据"互联网+"、农村电子商务、数字乡村相关政策文件整理绘制.

表3-3源自:笔者根据乡村振兴相关政策文件整理绘制.

表3-4源自:中国教育统计年鉴、中国农村互联网发展状况调查报告、全国教育经费执行情况统计公告、中国农村统计年鉴、社会服务发展统计公报、中国卫生健康统计年鉴、《农村生活污水治理的现状、问题及审计对策》.

表3-5源自:笔者根据阿里研究院报告整理绘制.

表3-6源自:笔者根据阿里研究院报告、各省淘宝村相关新闻报道,以及部分实地调研整理绘制.

表3-7、表3-8源自:笔者绘制.

第二部分 苏南地区的淘宝村实践

4 调查区域

这里自古水网如织、沃野广阔、乐耕勤织,明清时期手工棉纺织业繁盛,有"衣被天下"之称,并耕读传家、世代相承、人才辈出,形成了具有江南文化特征的乡土文化。

信息技术时代的苏南小城镇及周边淘宝村作为地方化的集聚体,是鼓励具有实干精神的草根创新空间。在这场互联网变革中,信息技术与地方产业深度融合、协同权责统一的制度安排以及更大范围的空间规划,使得这些乡村迸发出巨大的活力。

本书第二部分是江苏淘宝村的实证案例研究,采用了田野调查方法。调查工作从 2016 年 2 月持续到 2018 年 9 月,笔者在 2019—2021 年又对部分淘宝村进行了补充调研。调查主要分成以下三个阶段:

第一阶段,对江苏南部淘宝村发展较为集中的地区(包括苏州市、无锡市、南通市下辖农村)展开了广泛的初步调查。初步调查发现淘宝村现象明显,通常周边多个村庄都存在电子商务活动或者相关配套服务。

第二阶段,为了较为全面且深入地观察淘宝村的变化,进一步确定从农产品、手工产品和工业产品三种不同类型的淘宝村作为深度调查的对象。选取当地有代表性、电子商务开展时间较长且发展较好的村庄,本书将苏州市消泾村、无锡市西望村、南通市三合口村作为本次深入研究的案例。调研大量中小企业、村民、外来人口以及相关地方政府、村民委员会和电商园区。

第三阶段,在前三个案例研究的基础上,在淘宝村个案的基础上进一步扩展到淘宝村集群进行观察。

四个案例都是以本地农民为主体从事电子商务活动,并且基于自身特色或产业基础发展起来。消泾村(农产品村)是当地最早开展电子商务活动的村庄,原本以大闸蟹养殖为主,仍然保留着传统水乡沿河而居的生活与生产方式。在西望村(手工产品村),村干部本人亦是手工艺能人,带领村民积极融入线上销售市场,获得经济收益之后又带领村民大力改善村庄的基础设施环境,逐渐将西望村发展成为当地的示范性村庄。在三合口村(工业产品村),数据驱动生产日趋明显,本地化的商业对商业(B2B)平台快速崛起,提供更加细致的家纺专业性服务,协同上下游供应链。在常熟服装淘宝村集群,当地繁荣的电子商务活动吸引了大量外来移民,从原本服装产业链的生产末端,跨越发展成为设计、销售、数据平台不断集聚升级的淘宝村,被授予省级"特色小镇"称号并获得发展资金。

4.1 江苏淘宝村发展概况

根据阿里研究院每年公布的淘宝村名单,以及笔者的实地调查,江苏淘宝村发展有以下几个特征:

(1) 从数量上看,截至 2015 年底,江苏省淘宝村总数达到 127 个(阿里研究院,2015a),与 2014 年相比增长了 4.2 倍。在江苏省 13 个地级市中,淘宝村数量最多的是苏州市,共有 27 个淘宝村,其次是苏北地区的徐州市和宿迁市,均有 26 个。

(2) 从产品类型来看,江苏省淘宝村的产品种类多样,可以分为花木苗木、果蔬、水产、家用纺织、纺织服装、箱包皮革、家具、工艺品等 12 种主要类型。截至 2015 年底,纺织服装类淘宝村最多,共有 24 个,占比为 24.19%;其次是家具类和花木苗木类淘宝村,分别占 23.18% 和 21.17%;而水产类淘宝村最少,占比仅为 2.2%。

(3) 从空间分布来看,江苏省淘宝村主要集中在南北两端,苏中地区的数量相对较少。另外在空间分布特征上,苏南、苏北地区呈现出一些较明显的差异。根据阿里研究院(2015a)发布的《中国淘宝村研究报告(2015)》和实地调查分析发现,苏南、苏北地区的淘宝村具有如下特征:

① 苏北地区电商产品类型单一,大量淘宝村密集分布,淘宝村呈现"连片集群式"发展特征。统计发现,苏北地区近 90% 的淘宝村全部集中在徐州睢宁县和宿迁沭阳县,经营电商类型基本上只有家具和花木苗木两种。其中,宿迁沭阳县新河镇是全国首个实现淘宝村 100% 覆盖的乡镇(阿里研究院,2013),以苗木为主导产品类型。

② 苏南地区电商产品类型多样,淘宝村的空间分布相对零散,整体密度较低,呈现出"多而散"的特点。尽管无锡江阴市、苏州常熟市和昆山市以及南通市淘宝村的密度相对较高,但集中程度仍然低于苏北地区的睢宁县和沭阳县。

另外,表 4-1 统计了阿里巴巴平台江苏省部分淘宝村电商发展情况,其中交易额最大的是南通的布艺家纺,交易额在平台同类型交易额中的占比高达 76.37%;其次是沭阳的园林植物、东海的饰品配件和常州的聚酯树脂,占比分别是 24.68%、16.86% 和 14.30%。其他产品的占比均在 10% 以下。

表 4-1　2016 年 4 月阿里巴巴平台江苏省部分淘宝村电商发展情况统计

淘宝村所在地及数量/个	入驻企业数量/家	入驻企业占同行业比重/%	产品类型	交易额占同行业比重/%	淘宝村所在地及数量/个	入驻企业数量/家	入驻企业占同行业比重/%	产品类型	交易额占同行业比重/%
张家港 (6)	561	10.85	塑料机械	6.46	沭阳 (22)	767	14.39	木质材料	0.03
			冶金矿产	0.24				园林植物	24.68
常熟 (8)	3 335	25.89	童外套	4.69	扬州 (3)	2 069	5.83	建筑材料	0.04
			女装	2.88				毛绒玩具	2.63
苏州 (27)	—	—	家纺	0.25				家居软饰	0.23
			女装	3.56	南通 (14)	3 420	1.48	布艺家纺	76.37
无锡 (13)	3 600	50.37	紫砂壶	0.26				纺织皮革	0.90
			电动车	6.86				五金工具	0.56
			女装	0.02	东海 (2)	1 190	30.89	服饰配件	0.14
常州 (3)	2 521	43.42	化工中间体	0.01				饰品配件	16.86
			聚酯树脂	14.30	睢宁 (22)	256	3.75	办公文教	0.01
			精细化学品	0.35					
镇江 (5)	1 184	1.23	化工产品	0.32				—	
			刀具夹具	4.06					
			五金工具	0.24					

4.2　不同产品类型淘宝村发展差异

1) 基于农产品的淘宝村

基于农产品的淘宝村主要指以农林牧渔业的初级产品或以这些初级产品为第一主营产品的淘宝村(曾亿武等,2016)。江苏省农产品淘宝村主要分布在苏北地区。2015 年阿里巴巴平台上完成农产品销售达 695.50 亿元,其中阿里巴巴零售平台上江苏省农产品销售额排名第三位,位于浙江、上海之后(阿里研究院,2013)。从主营产品的角度来看,江苏省农产品淘宝村主营产品为园艺花木、坚果炒货和特色农产品大闸蟹等。

2) 基于工业产品的淘宝村

基于工业产品的淘宝村是江苏省淘宝村的主要类型,约占江苏省淘宝村总数的 58.27%,主要分布在苏南地区。电商经营产品类型多样,主要以轻工业产品为主,如服装、家具、家纺、鞋帽等。

3) 基于手工艺产品的淘宝村

与农产品、工业产品的淘宝村相比,江苏手工艺产品淘宝村的数量较少,其中较典型的是无锡宜兴的紫砂村和尹家村。手工艺村是手工艺品的制造和交易中心,村里的工艺师傅沿袭世代相传技艺,就地取材,以手工生产为主,创造出各式各样的艺术品。以手工艺产品为主导产业的淘宝村往往具有一定的地方独特性,生产的产品是其他村难以复制的。

经实地调查发现,尽管随着模具生产、灌浆制壶等新工艺被广泛应用,紫砂壶开始批量生产以满足不同人群的需求(胡付照,2007),但是这种带有强烈地方特色和工艺师傅情怀的手工艺制品,尤其是纯手工制品,仍然难以形成较大的规模,电商发展的程度和规模低于相对成熟的各种工业产品淘宝村。

4.3 发展基础与条件

1) 产业基础

产业基础为淘宝村的形成提供初始动力。从实地调研来看,江苏省大部分的淘宝村都依赖于当地的各种自然资源、传统产业基础和地方专业市场。

江苏省是我国专业市场最为发达的地区之一,截至 2014 年底交易额超亿元的专业市场就有 536 个(江苏年鉴杂志社,2015)。各种专业市场交易的商品种类庞杂,功能特性差别较大。其中一些容易标准化的产品适于电子商务交易方式[①],往往就会在这个专业市场周边衍生出大大小小的淘宝村,如常熟服装城、南通家纺城、丹阳眼镜城、苏州蠡口家具城等(表 4-2)。这些专业市场大都建立于 20 世纪八九十年代,承担着重要的农村市场销售渠道的功能。在电子商务经济发展以前,周边有些村庄就是专业市场的生产加工所在地,因此具有先天发展优势,迅速发展成为淘宝村。一方面,专业市场为淘宝村带来了品牌知名度和充足的货源优势[②];另一方面,淘宝村的发展拓展了销售市场,又进一步带动促进了实体市场的发展。

表 4-2 江苏省淘宝村主要依托的专业市场

序号	专业市场名称	地点	形成年代	经营产品类型	年总交易额/亿元
1	丹阳眼镜城	镇江丹阳市	20 世纪 80 年代末	各种高中低档太阳镜、近视镜	120(2015 年)
2	南通家纺城	南通通州区川姜镇	20 世纪 80 年代初	各种高中低档床上用品	560(2015 年)
3	常熟服装城	苏州常熟虞山街道	20 世纪 80 年代初	各种中低档男装、女装、童装	1 002(2012 年)
4	苏州蠡口家具城	苏州相城区	20 世纪 90 年代初	各种高中低档家具	150(2014 年)
5	宜兴陶瓷城	无锡宜兴丁蜀镇	2007 年开始建设	紫砂陶、日用陶、工艺陶、化工陶、建筑陶等	12(2014 年)
6	东海水晶城	连云港东海县	20 世纪 90 年代初	各种水晶饰品、工艺品	50(2011 年)

2）电商平台

电商平台突破了交易的时空限制，为产品提供了更广阔的消费市场，是淘宝村形成发展的初始引擎。在虚拟化的电子市场里，淘宝网商通过网络直接与消费者进行交流及完成交易行为，取代了传统多层级的供销模式，进一步拓展了市场的力量。

同时，平台创造了一系列规则和协议来约束市场环境。以阿里巴巴平台为例，平台为众多淘宝电商搭建了一个虚拟的商业环境，构建了一系列的诚信体系和支付体系，对淘宝网商收取一定的平台费用，并通过自下而上的消费者评价形成电商产品的口碑和信誉，以此约束电商的经营行为。并且平台去中心化的网络降低了网商起步创业时的物质成本、风险成本和学习成本，契合草根式创业的成本导向特性（曾亿武等，2016），适合农民"草根"式创业，使其拥有更多的资源调配和整合能力。

需要指出的是，不同产品类型在电商平台上的流动性存在明显差异，一方面是由于产品本身特性，如标准化程度、生产周期、能否大规模生产等；另一方面来自消费者群体特征，如消费群体性别、消费需求、消费习惯、消费喜好等诸多影响因素。产品的流动性差异在一定程度上影响着淘宝村电商的发展程度和规模。例如，紫砂特色手工艺村由于手工制壶工艺过程复杂、难以规模化生产和有限的消费者群体等原因，宜兴紫砂村、尹家村的电商从业人数、电商经营规模远远低于其他淘宝村。

3）网商群体

网商群体是淘宝村形成发展的行为主体。经调查发现，江苏省淘宝村网商群体主要来自以下两个方面：一方面，江苏地区经济快速发展以及快速城镇化进程，集聚了大量外来人口；另一方面，近年来江苏省大力推行城乡一体化、现代农业规模化生产、撤村并点以及城乡建设用地增减挂钩等相关政策，通过转移就业、土地流转，部分实现了农民生产方式和生活方式的转变，释放了大量的农村劳动力。据统计，2013年全省新增转移农村劳动力26.9万人，全省农村劳动力转移就业累计1 843.89万人，转移占比达69.6%（江苏年鉴杂志社，2014）。

另外，江苏省农产品和手工业产品淘宝村的从业者以本地农民为主，这部分群体最初依赖的是熟人社会的组织关系，血缘、地缘现象明显，如消泾大闸蟹电商村、颜集花木淘宝村等。工业产品淘宝村由于其劳动密集型的产业特征，从业者中以外地人居多，特别是服装、家纺等轻工业产业。在有些淘宝村，外地人甚至是本地人的4—5倍，除血缘、地缘关系外，业缘、网缘现象也较为明显。表4-3列出了江苏省部分淘宝村电商从业者情况。

4）物流条件

近年来，江苏省物流的高速发展以及区域性物流中心的不断完善对淘宝村的发展起着重要的支撑作用。从苏南地区来看，公路、铁路网密布，城市之间的交通便捷通畅，交通优势明显，物流发展迅速，成为各大网络销售平台建设物流仓储中心的首选之地。以苏州为例，一号店、亚马逊、京东、

表 4-3 2014 年底江苏省部分淘宝村电商从业者情况

淘宝村	电商经营产品	电商营业额/亿元	户籍人口/人	外来人口/人	电商从业者
消泾村	大闸蟹（农产品）	3.0	2 504	386	电商从业人员约840人，以本地农户为主
陆巷村	童裤（工业产品）	0.6	2 596	1 331	以本地农户为主
言里村	服装（工业产品）	—	3 274	10 350	以外地人为主（主要来自苏北、安徽、浙江和湖南等地）
庄基村	家具（工业产品）	—	2 143	超过6 000	以外地人为主（主要来自湖南、安徽、江西和浙江等地）
颜集镇花木淘宝村集群	花木、苗木（农产品）	4.7	—	—	电商及相关从业人员约1.2万人*，以本地农户为主
沙集镇家具淘宝村集群	板材家具（工业产品）	26.0	—	—	电商及相关从业人员约1.5万人，以本地农户为主

注：*处数据为2013年底数据。

苏宁均在苏州设置了区域性物流仓储中心。其中亚马逊在昆山的仓储中心为除美国本土之外最大的物流仓储中心③；京东从2013年5月开始就筹划昆山京东"亚洲一号"仓储中心的建设，如今一期、二期已经投入使用，除本身的规模效应，昆山京东"亚洲一号"还起到了积极的带动效应。

另外，苏北地区盐城现代物流园区、淮安电子商务现代物流园，以及苏中地区南通海安商贸物流产业园等相继完成投入使用，使得苏北一直以来物流中心匮乏的局面有所改善。2015年6月，宿迁物流园正式运营，物流园的辐射范围覆盖到宿迁市及周边的连云港市、淮安市、徐州市④。此外，京东的客服中心和云计算中心相继也都落户宿迁，这些中心在给电商带来便利物流的同时，也在潜移默化地影响当地农村对于电子商务的认知，在某种意义上增加了淘宝村的形成概率。江苏省两大淘宝村产业集群——睢宁家具和沭阳花木苗木的发展都依托宿迁的物流园。

综上，淘宝村的发展对江苏省农村社会经济发展具有积极意义，尤其是在促进苏北农村地区发展、推动地方专业市场升级，以及带动农民创业就业等几个方面。通过对江苏省宏观层面淘宝村的发展特征梳理，本章分析比较了不同产品类型淘宝村的特征及差异，并探讨了淘宝村发展的动力机制，得到以下结论：

（1）淘宝村的发展大多依托当地自然资源禀赋和传统产业基础。基于工业产品的淘宝村是江苏省淘宝村的主要类型，这与江苏省发达的地方专业市场密不可分,并为地方专业市场的转型升级提供了新的发展路径。

（2）近年来,江苏省快速城镇化所吸引的大量外来人口和城乡一体化发展所释放的农村劳动力,构成了江苏省淘宝村的两大网商群体来源。依赖血缘、地缘、网缘等社会网络关系,淘宝网商自组织形成了一定规模的电商行为主体。

（3）电商平台是淘宝村形成的初始引擎,而不同产品在电商平台的流动性差异显著影响着淘宝村的电商发展程度和规模;另外,江苏地区华东区域物流仓储中心的建设和物流条件的不断完善,推动着淘宝村的快速发展。

[本章内容根据周静,杨紫悦,高文,2017.电子商务经济下江苏省淘宝村发展特征及其动力机制分析[J].城市发展研究,24(2):9-14进行了部分修改]

第4章注释

① 苏州盛泽地区著名的"中国东方丝绸市场",2013年跻身"全国十大专业市场",但因布料交易难以电子化,周边尚未发现淘宝村。
② 淘宝网商以"上午接单,下午到市场批货"的形式经营,可以实现"零风险"交易。交易市场提供产品、仓储、库存等,降低了网商的存货成本和经营风险。
③ 参见新华网《亚马逊在华最大运营中心"落地"江苏昆山》。
④ 京东"渠道下沉"战略促进了苏北地区物流条件的完善,京东首席执行官刘强东在其家乡宿迁进行了大量的电子商务投资。

第4章参考文献

阿里巴巴(中国)有限公司,2015.中国淘宝村[M].北京:电子工业出版社.
阿里研究院,2013.阿里农产品电子商务白皮书(2013)[R].北京:阿里研究院.
阿里研究院,2015a.中国淘宝村研究报告(2015)[R].北京:阿里研究院.
阿里研究院,2015b.中国新农人研究报告(2014)[R].北京:阿里研究院.
陈恒礼,2015.中国淘宝第一村[M].南京:江苏人民出版社.
胡付照,2007.从商品学角度谈宜兴紫砂壶艺商品的发展[J].农业考古(2):61-63.
江苏年鉴杂志社,2014.江苏年鉴:2014[M].南京:江苏年鉴杂志社.
江苏年鉴杂志社,2015.江苏年鉴:2015[M].南京:江苏年鉴杂志社.
曾亿武,郭红东,2016.农产品淘宝村形成机理:一个多案例研究[J].农村经济问题,37(4):39-48,111.

第4章表格来源

表4-1 源自:笔者根据阿里巴巴平台(2016年5月采集)统计绘制.
表4-2 源自:笔者根据地方政府网站整理绘制.
表4-3 源自:笔者根据各电子商务示范村申报材料和阿里研究院网站数据整理绘制.

5 农产品淘宝村

消泾村的土地流转、劳动者身份的转变、围绕电子商务重新组织生产与生活空间,这些都表明该地区已然成为电子商务网络经济中特色农产品生产的一个重要节点。

农村由于没有专门的规划管理机构和专业人才,自下而上的发展需求通常难以得到表达。这是未来政府体制改革亟须思考的问题。

5.1 边缘的突破:消泾村

随着互联网和信息技术影响的不断深入,农村地区正卷入这场深刻的变革中,呈现出一种崭新的、欣欣向荣的景象^①:特色农产品通过互联网电子商务和现代物流快速集散;在保留农村聚落的物质空间形态下,一种新的围绕弹性生产的新空间秩序正在建立;随着收入提高,年轻人逐渐回流,子承父业的传承方式也在复苏。这就使得一些问题变得亟待思考:电子商务经济正在如何影响农村的生产组织?农村当地的社会结构和网络发生了哪些改变?相应的空间上又会出现哪些新的特征?在这一过程中,从村民委员会到乡镇各级政府发挥了怎样的作用?

本章选取苏州消泾村作为研究案例,主要原因有以下几点:一是消泾村是国家发展和改革委员会城乡发展一体化综合改革试点苏州具有代表性的农村地区,土地流转已经完成;二是消泾村阳澄湖大闸蟹电商自2008年就开始起步,属于较早发展的一批电商村,发展相对成熟,经营的电商产品具有鲜明的地理品牌特色和产品优势;三是消泾村更贴近一般规模大小和意义上的农村,保留着村庄聚落的物质空间形态。

消泾村位于苏州市相城区阳澄湖镇东北部,东邻昆山、北接常熟、南依阳澄湖。全村村域面积为 6.99 km^2,下辖 7 个自然村(图 5-1)。村民自古"以渔为业",主要以家庭式小型分散的水产养殖为主。改革开放后,由于长期受到阳澄湖水源保护区的严格控制,工业和乡镇企业在这里没有得到发展。

20世纪90年代随着大产养殖经济效益明显,以大闸蟹、青虾为主的水产养殖业逐渐成为全村的支柱产业(《阳澄湖镇志》编纂委员会,2004)。从1997年开始,当地成立水产贸易公司、建设批发交易市场[②](图5-2),部分解决了村民的水产品销售问题。2002年苏州市阳澄湖大闸蟹行业协会成立,统一了专卖店、超市、酒店阳澄湖大闸蟹的三种主要销售模式,对全国销售市场进行了划分和实行区域管理,逐步使大闸蟹销售走向中高端市场。2008年通过利用电子商务销售大闸蟹以后,迅速打开了销售市场。当年电商企业仅6家,电商交易额为500万元;至2014年底网店数达到107家,电商从业人数为1 427人,占全村常住人口的49.4%(图5-3);电商交易额超3亿元(图5-4)。

图5-1 消泾村区位图

图5-2 2000年消泾村青虾市场

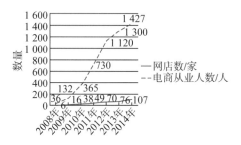

图5-3 2008—2014年消泾村网店数及电商从业人数

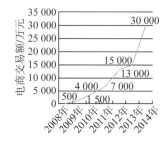

图5-4 2008—2014年消泾村电商交易额

5.2 生产组织跃迁

5.2.1 生产要素迭代升级

1) 生产资料集中

土地流转实现了高效生态水产养殖,使产品品牌化经营成为可能。

2008年消泾村按照苏州建设城乡一体化发展综合配套改革先导区的要求开展全面的土地流转工作。至2010年土地流转全部完成,并被改造为连片的标准化鱼塘。2014年全村农业生产面积为10 190亩(约679 hm^2),其中标准化池塘养殖面积为9 630亩(642 hm^2),占94.5%。后续标准化鱼塘又被纳入省级现代农业示范区③,进一步规模化与规范化养殖。

2) 劳动者身份转变

土地流转后,附着在土地传统意义上的农民身份逐渐消失。失地农民得到与苏州市区同一标准的社保、医保和养老保险,或承包池塘成为养殖经营者,或被雇用变成农业产业工人,或成为创业者等。在电商发展之初,消泾村大闸蟹电商第一人顾敏杰和其两个同学带动了本地村民创业④。至2015年底,村里大部分小微电商家庭年销售额在100万元至200万元之间,有3家年销售额在1 000万元至3 000万元之间,另有5家电商超过3 000万元。

3) 技术革新

冷链物流技术被广泛应用于大闸蟹销售运输过程。随着2003年、2005年苏嘉杭高速公路、苏州绕城高速公路相继通车,在阳澄湖镇分别沿南北、东西方向穿过,形成"一互二口"的交通格局。大闸蟹依托顺丰快递,经冷链专机运输并配合散航,保障24 h到达消费者手中,辐射范围基本覆盖全国各地。

在信息网络方面,消泾村的无线宽带和光纤全部接到户。

5.2.2 明星产品和互联网+的供销模式

阳澄湖大闸蟹素来有"蟹中之王"的盛名,是苏州特有的地方资源,与江苏太湖和固城湖、山东东营、湖南、湖北等地湖泊的大闸蟹形成了价值梯度。每年菊黄蟹肥时,把酒持螯、赏湖品蟹是苏州地区人文历史与文化传承的象征,具有重要的文化传播价值。在此基础上,根据不同养殖池塘的水质情况和养殖农户的养殖技术,大闸蟹品牌又进一步细分。

2008年以前,养殖产业链处于农产品的传统销售阶段,即传统的原料购进(蟹苗购进)—养殖(成蟹)—市场(通过经纪人或者农户自己运往交易市场)—各级经销商—消费者。电商发展以后,电商企业取代了传统的水产贸易公司及交易市场与各级供应商的功能,通过网络直接与消费者达成交易,形成新的产品供销模式(图5-5)。电商平台搭建交易平台,构建配套的诚信体系和支付体系,并将行业协会的一部分规则⑤纳入电商规则中,形成了新的电子化商业环境和产品供销模式。在新的产品供销模式下,大闸蟹品牌进一步强化和差异化,同时各种人性化和定制化服务不断出现⑥。目前消泾村已经形成数个电商平台排名前十位的口碑品牌,如今旺、八神、紫澄、消泾之王等⑦。

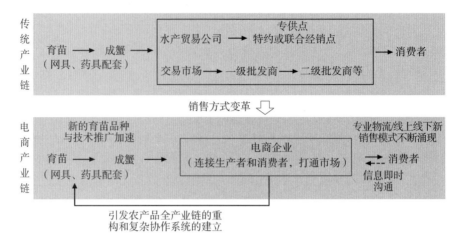

图 5-5　消泾村大闸蟹传统产业链与电商产业链

5.2.3　灵活生产组织与价值区段重新分配

新的供销模式促生了相对灵活的新的生产组织形态,具体从养殖—销售—配送各个环节来看,有以下特征:

(1) 养殖环节中电商企业与养殖农户之间形成了半松散的合作关系[8]。蟹种一般放养于1月至4月初,9月下旬开始起捕大闸蟹,在半自动化养殖技术下,平均一个农民可以管理四五十亩池塘。中等规模及以上的电商企业一般除了有自己的养殖基地以外,还与十几家甚至几十家养殖农户签订养殖协议,形成半松散的合作关系。

(2) 销售环节中出现新的专业化现象,以及季节性雇工特征。中等以上规模的电商企业,其分工专业化现象明显。这类电商企业下设多个客服经理,负责制订每年的营销计划并带领团队完成每年的销售额,团队成员包括销售客服(分售前和售后)、电话工、打单工和网站美工等各种岗位。根据大闸蟹产品经营季节性的工作特点,上半年只需要骨干成员及部分市场推广人员参与,下半年开始雇用大量客服等[9]。

(3) 相比养殖和销售环节,包装配送环节的灵活程度最高。电商企业可以根据订单量临时组织大量农村闲散劳动力进行包装配送。

以电商企业为平台,生产环节被灵活化重组后,相应的价值区段也被重新分配,并呈现两种不同的趋势:一是养殖环节在养殖技术和品种培育上投入了更多的资金,是价值链和创新最高端。价值链上的更多利润留在了本地。二是销售和配送物流环节趋向平台化、专业化,季节性雇工,具有竞争优势的品牌和蟹源其收益在不断摊薄。

5.2.4 新的劳动力市场

根据2013年底消泾村经济普查数据及实地调研观察到,与新的生产组织形态相适应的新的劳动力市场出现,并呈现以下几个特点:

(1) 劳动力市场的本地化。大闸蟹的养殖技术仅在本地农民之间传播,对外地人来说有技术门槛,养殖基本上由本地农民承担。消泾村的本地人约占总人口的87%[⑩],其中劳动力人口基本上都从事大闸蟹及其相关行业,比例大致是1/3从事电商、1/3从事农业养殖和1/3从事养殖配套服务(表5-1)。电商企业的骨干成员主要由非常熟悉这个行业本身的本地人承担;财务等重要工作一般也由家庭成员或熟人承担。

表5-1 消泾村企业类型、数量及从业人员期末人数

企业类型		企业数量/家	从业人员期末人数/人	企业类型	企业数量/家	从业人员期末人数/人
水产品(大闸蟹)销售		158	1 041	烟草零售	2	6
合作社	水产养殖合作社	9	169	机械制造	3	152
	农机合作社	1	7	机电公司	1	60
	物业合作社	1	4	服装厂	2	120
	社区股份合作社	1	8	工程建设公司	1	10
贸易公司		1	8	加油站	1	15
商会		2	17	其他	7	28
交易市场管理		1	4	总计	199	1 694
银行		2	3			
百货零售		6	42			

(2) 劳动力市场的年轻化。从电商经营者来看,大部分都是20—40岁的年轻人。而从事电商的年长者,大部分以前就是大闸蟹销售经纪人,在电商模式的冲击下,聘请专业电子商务人才,由线下部分转到线上,但仍然难以适应新的电商环境[⑪]。另外,电商企业雇用的大量员工,如客服、电话工、美工、包装配送员等,主要是年轻人。

(3) 劳动力市场的灵活化。电商企业的灵活组织主要集中在销售和配送环节。通过调研不同规模的典型电商企业发现(表5-2):①一家年销售额在4 000万元左右的较大规模的企业在养殖环节与20多家农户签订供货协议;在电商销售环节,雇30—40名客服,并根据需要临时增加10—20人,另外包装配送环节以临时雇工为主,忙时多达60—70人。②中等规模企业在养殖环节雇用5—6名当地农民,在电商销售环节雇7—15名客服,忙时会再增加10人左右;配送环节临时雇工较多,如一家2 000万元

产值的企业,销售季平常包装配送有20人,忙的时候达到40人,是平常的2倍。③小微企业基本由家庭成员承担。分工细化发生在家庭内部不同成员间,一般是年轻夫妻从事电商经营,父母从事传统养殖,另外雇1—2名客服、几个包装配送临时工。

调研发现,在电商销售繁忙的短期生产中,大量本村及周边闲散劳动力被雇用,如村里年长妇女通常被雇用帮忙捆扎大闸蟹,一天扎蟹收入约为300元,一个蟹季收入为两三万元。在电子商务经济下,当地迅速形成了一种具有高度适应性的组织和农村劳动力市场联系。

表5-2 消泾村大闸蟹电商企业典型用工情况

类别		产值/万元	养殖环节		销售环节	包装、配送环节
			养殖基地/亩	1—8月雇工	雇工/临时雇工	9—12月临时雇工
较大规模	企业1	4 000	500	与20多家养殖农户签订协议	30—40人/10—20人	60—70人
中等规模	企业2	2 000	380	5—6人	15名客服(包括2个电话工、1个打单工、1个美工)	20人(忙时40人)
	企业3	1 000	100	5—6人	14—15人/10人	7—8人
	企业4	500—600	100—200	10人左右	7—8人/5—6人	—
小微规模	企业5	250	15	1人	2人(夫妻)/1名客服	2—3人
	企业6	200	10	1人	2人(夫妻)/0	2—3人

注:1亩约为666.7 m²。

5.3 新的空间组织

5.3.1 电商企业的集中与扩散

本地化农产品经济及路径依赖与虚拟交易两种力量推动着电商企业的空间分布,呈现出集中与扩散两种趋势。

一方面,电商企业密集分布在消泾围绕724乡道的消泾河南、龚下浜、二亩塘3个自然村。图5-6、图5-7绘制了主要电商店铺分布情况,包括41家天猫店铺(图5-8)、9家京东店铺、4家1号店店铺等,其中部分电商同时拥有2个或2个以上平台的电商店铺⑫。在这些虚拟电子空间里,2014年底大闸蟹交易额超过了3亿元。

另一方面,在消泾村的成功案例下,各种电商、微商⑬在整个环阳澄湖地区快速复制、扩散与蔓延,部分电商还扩散到所在阳澄湖镇、巴城镇镇区,以及苏州市区。如以往依靠船舫经营具有先发优势的阳澄湖东岸地区⑭也开始借助电子商务拓宽销售渠道。

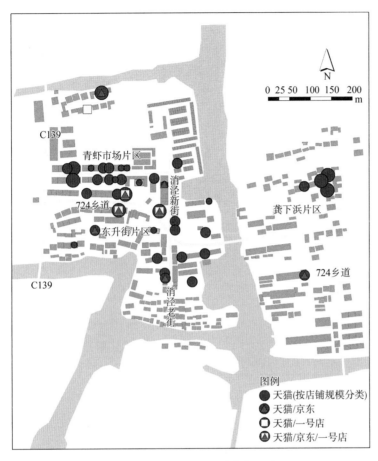

图 5-6 消泾村电商店铺依托平台

注:C139 是指公交线路。

5.3.2 新的地方性功能节点崛起

电子商务的网络空间仍然受到地理约束:产品材料的网络化取决于现实世界的空间固定(spatial fixity)、接入点以及物流条件……新的地方性功能节点也已经在互联网的商品链中得以创建(Currah,2002)。大闸蟹养殖技术与地方水土的不可复制性,使得养殖日益本地化,锚固在阳澄湖及周边地区。本地农民掌握着养殖技术,在本地及常熟、无锡等周边地区承包池塘;同时这些养殖腹地的养殖户也会向消泾村电商企业提供产品。另外,由于消泾村的电商企业占领市场较早,积累了大量的消费者,使消泾村逐渐成为各大电商平台一个重要的大闸蟹电子化交易节点。近年来消泾

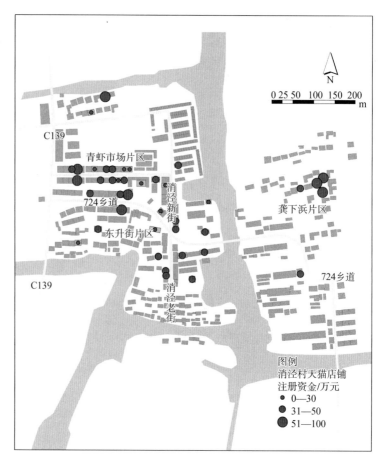

图 5-7　消泾村天猫店铺注册资金

村的空间影响力大幅增强,通过控制产品质量,不断调控周边养殖腹地。

在养殖本地化的基础上,电商企业在消泾村的集聚进一步强化了这一地区的发展,使其逐渐有了质量控制、定价和调配权利,成为网络经济下新的地方性功能节点(图 5-9)。

5.3.3　新的空间趋势

在消泾村的案例中,观察到传统村庄正不断围绕新的电子商务经济活动,重新组织生产和生活空间。

1) 乡道的变化

承担传统村庄中心功能(服务于村民日常生活)的乡道,围绕电商生产组织集聚了大量的服务型企业和物流企业。长约 760 m 的消泾村 724 乡道两边密集分布着数家电商企业(含家庭电商)、快递公司、特色餐饮(丽友快餐)、电信公司、专业虾蟹渔药店等(图 5-10)。与此同时,乡道连接的传统大闸蟹批发交易市场的重要性不断减弱。在调研过程中,当地村民委员会告诉我们村里准备拆除批发交易市场,并在原址上新建电商大楼。

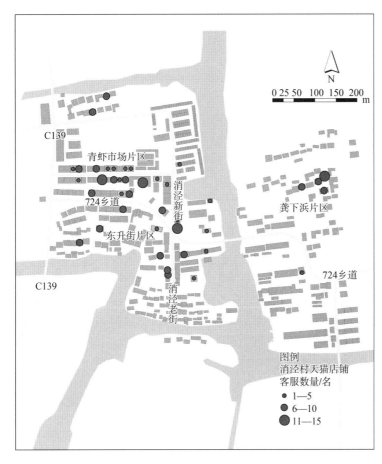

图 5-8　消泾村天猫店铺客服数量

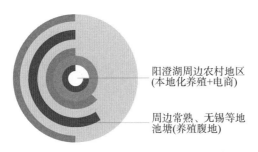

图 5-9　网络经济下新的地方性功能节点

2）新的功能性空间

电商企业由于小型化和灵活性特点，在地址选择上呈现更多的灵活性，或"前店后厂"[15]，集生产和生活空间于一体，或依托现有厂房、市场和村里空置房屋等，如大量小型家庭电商在客厅或卧室装上几台电脑就成了电商办公地点，并改造自家庭院，修建简易吐沙池，并留出一部分配送场地。一家年经营额3 000万元的电商企业租赁了村里被迁走的原小学校址作为办公经营场地。

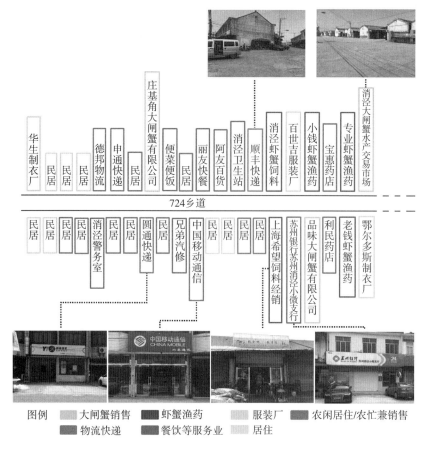

图 5-10 消泾村 724 乡道变化

另外,一家大型电商企业在其占地 1 万 m² 的厂房旁,修建了一栋三层的 L 形员工宿舍楼。

3) 新的体验空间

一些新的体验空间正在形成中。村里新建了体验性的渔家乐、开心菜园等。一家建在阳澄湖边的电商企业,除了建有日常的各种办公室、包装配送场地、食堂、职工宿舍外,还建有湖边餐厅,坐在餐厅里能看见前面开阔的阳澄湖水面,供游客参观体验(图 5-11)。

图 5-11 消泾村标准化池塘养殖

5.4 规划思考

5.4.1 规划历程

2008年,阳澄湖镇被列入苏州23个城乡一体化发展综合配套改革先导区,消泾村纳入《苏州市相城区阳澄湖镇城乡一体化发展综合配套改革先导区镇村布局规划(2009—2020年)》,作为被撤并村庄,至2010年,消泾村按照规划要求完成了土地流转全部工作和补偿保障工作。但原规划中,按照户均200 m² 建筑面积标准安置的农村居民点集中安置并未来得及执行,即被中止并被新的规划所替代。

2015年,《苏州市相城区阳澄湖镇发展村庄规划》改变了上版规划大撤大并村庄的思路,更多地体现了当下"尊重乡村发展规律和尊重村民意愿"及"记住乡愁"的发展导向。在这一版规划中,消泾村被作为"重点村"保留下来[16],并被定位为农业生产型村庄,规划还详细列出了规划期内道路交通、公共设施、基础设施、绿化景观建设等具体内容和投资经费。在最近的一次调研时发现,部分规划内容已得到实施,如建筑立面整治翻新、修建公共器材健身场所等,改善了当地的农村面貌。另外在上一轮规划行政撤并的影响下,消泾村原有银行、邮局等分支机构被陆续迁走,尽管当地多次向上反映这些公共设施使用不便,但在新版规划中有关公共设施回迁问题依然没有得到回应。

2013年,当地村民委员会推动编制了《阳澄湖大闸蟹电子商务产业园规划》。该规划从本村发展需求和利益出发,期望通过建设省级电子商务示范园,向上争取获得更多的发展政策。这一意图被作为相当重要的议题纳入消泾村的年度计划中[17],但是由于在用地选址上没有遵循国土规划和上一层次规划要求而未被批复。

5.4.2 若干思考

通过上文分析,笔者提出以下几点思考:

(1) 从发展定位的角度来看,在消泾村的案例中,生产基本农产品的传统村庄的职能已经发生改变,需要重新思考其发展定位。消泾村的土地流转、劳动者身份的转变、围绕电子商务重新组织生产与生活空间,这些都表明该地区已然成为电子商务网络经济中特色农产品生产的一个重要节点。

(2) 从公共资源配置的角度来看,传统规划按照"城市—镇—农村"层级式配置方式难以满足消泾村的实际发展需求。如发展过程中对新的办公空间、农业体验与展示空间、文化设施与交流场所等生产与生活服务设施均提出了新的需求。同时未来制约地方发展的乡村道路基础设施、各种基础设施管线等也需要进一步得到重视。

（3）从地方治理的角度来看，村民委员会对地方发展负有责任，但发展权中最核心的规划权却集中在上级政府甚至更上一级政府手中。权力不匹配制约了消泾村基层发展的积极性。农村由于没有专门的规划管理机构和专业人才[18]，自下而上的发展需求通常难以得到表达（周岚等，2013；罗小龙等，2015；范凌云，2015）。这是未来政府体制改革亟须思考的问题。

在消泾村的案例中，我们看到正如卡斯特等人的研究指出，低行政层级的节点地区（城镇乃至乡村）凭借自身专门化的特色和优势，利用信息流、人流、物流等联系，能够直接连接到地区、区域甚至全球城市网络中，并在区域网络分工中承担更高级的职能。

然而，连接到网络之后的消泾村以及这一类型地区的发展和演化逻辑是什么？是否因为连接而获得持续的发展动能？抑或同时必须面对网络环境快速变化带来的风险，或者受制于网络经济更多的规则制约？作为公共政策的城乡规划如何在其中扮演好自己的角色？这些问题都需要进一步观察与更深入的思考。

[本章内容根据周静，2018. 电子商务对苏州消泾村发展的影响及规划思考[J]. 城市规划，42(9)：102-109，126进行了部分修改]

第 5 章注释

① 2015 年仅阿里巴巴平台上完成的农产品销售额就达到 695.50 亿元，经营农产品的卖家数量超过 90 万个，其中零售平台占 97.73%，见《阿里农产品电子商务白皮书（2015）》。

② 1997 年阳澄湖蟹王水产有限公司成立，收购村民养殖的大闸蟹和水产品，并通过在上海、苏州、嘉兴、无锡等市设立大闸蟹专供点、联合经销点等进行销售。2000 年阳澄湖镇政府在消泾村建成青虾市场，为全镇养殖户及周边四五个乡镇渔民、蟹农的蟹产品提供集中的销售场所。至 2008 年消泾交易市场已拥有经营门面 268 个，成为华东地区最大的大闸蟹专业批发交易市场，年成交阳澄湖地区水产品 1 000 多 t，交易总额达 3 亿元。详见《阳澄湖镇志》。

③ 阳澄湖现代农业产业园总体规划面积为 57 600 亩（3 840 hm^2），计划总投资 20 亿元，范围覆盖消泾、北前、车渡等 6 个行政村，将各村完成流转的土地实施养殖池塘连片化改造，并将改造后 2/3 以上的规模养殖面积交由当地农民经营。

④ 电子商务经济下通过艰苦创业和模仿效应，以个人和家庭为单位的个体迅速崛起。顾敏杰在创业初期条件艰苦，主要依靠父母、亲戚和同学帮忙，现在其网店已发展到拥有 60 名员工，4 万余名网上老客户群，年销售额从第一年盈利 5 万元到 2014 年盈利 4 000 万元。

⑤ 比如，《天猫食品品质抽检行为规范细则》对有无蟹扣有明确规定，《天猫 2015 年度招商资质细则》对大闸蟹卡券发放规定必须有大闸蟹卡券行业资质等。

⑥ 这些服务附着在产品上，包括提供方便提货的礼品券、免费赠送吃蟹工具、包装精

⑦ 致、售后赔付完善等,另外几家较大的电商还可以根据客户要求,提供在礼品券上印制客户标志(logo)、祝福语等。
⑦ 以3—4两(0.15—0.20 kg)六只、八只装的套装、礼盒装为主打明星产品,价格多为500—1 000元。
⑧ 主要指中等及以上规模企业。
⑨ 大闸蟹销售有明显的季节性,上半年主要是准备工作,包括市场分析、广告推广、制定产品销售策略等,到5—6月份开始售券,部分商家开始销售早上市的童子蟹,从下半年开始到年底是最繁忙的销售季节。
⑩ 村里有2家服装厂、3家机械厂。外地人主要从事服装生产、五金加工等工作,占总人口的13%。
⑪ 访谈中发现年轻人接受和适应新事物的能力强,表现出与电商平台一起成长及积极乐观的态度。而年长的经纪人对电商抱怨较多,对政府和协会的作用也持消极态度。
⑫ 图中淘宝C店店铺(个人店铺)未绘制。
⑬ 依托微信平台。
⑭ 如巴城镇的正仪村、东阳澄湖村等。
⑮ 固定交易空间不再重要,而只需要留有物流接口和体验空间,是互联网经济下"前店后厂"的新内涵(凯利,2014)。
⑯ 2014年7月江苏省发布了《江苏省住房城乡建设厅关于做好优化镇村布局规划工作的通知》,将自然村庄分为"重点村""特色村""一般村",其中"重点村"和"特色村"是发展与保留村庄。
⑰ "通过各种关系和渠道积极与上级部门沟通,争取在指南中寻找适合本村实际条件的项目。"见《阳澄湖镇消泾村2015年度工作总计及明年工作计划》。
⑱ 在苏州小城镇层面,规划管理机构向基层延伸仍处于试点探索阶段,部分城镇没有单独设置规划管理机构。

第5章参考文献

《阳澄湖镇志》编纂委员会,2004. 阳澄湖镇志[M]. 上海:上海社会科学院出版社.
范凌云,2015. 城乡关系视角下城镇密集地区乡村规划演进及反思:以苏州地区为例[J]. 城市规划学刊(6):106-113.
凯利,2014. 新经济新规则[M]. 刘仲涛,康欣叶,侯煜,译. 北京:电子工业出版社.
罗小龙,许骁,2015. "十三五"时期乡村转型发展与规划应对[J]. 城市规划,39(3):15-23.
周岚,于春,何培根,2013. 小村庄大战略:推动城乡发展一体化的江苏实践[J]. 城市规划,37(11):20-27.
CURRAH A D,2002. Behind the web store: the organisational and spatial evolution of multichannel retailing in Toronto[J]. Environment and planning A: economy and space,34:1411-1441.

第5章图表来源

图5-1源自:笔者绘制.
图5-2源自:《阳澄湖镇志》编纂委员会,2004. 阳澄湖镇志[M]. 上海:上海社会科学

院出版社.

图 5-3、图 5-4 源自:笔者根据消泾村统计资料整理绘制.

图 5-5 源自:笔者绘制.

图 5-6 源自:笔者根据各电商平台数据(2015 年 9 月采集)绘制.

图 5-7、图 5-8 源自:笔者根据天猫店铺数据(2015 年 9 月采集)绘制(天猫店铺注册时间截至 2014 年).

图 5-9 至图 5-11 源自:笔者绘制.

表 5-1 源自:笔者根据苏州市阳澄湖镇消泾村第三次经济普查(2013 年底)数据整理绘制.

表 5-2 源自:笔者根据实地调研绘制.

6 手工产品淘宝村

相比于能够标准化生产的工业产品，手工业分工通常有限，尤其是高端紫砂壶手工生产甚至是不能分工的。这与全球化及电子商务经济要求产品达到一定规模、快速流动形成矛盾，因此看到了二者之间的冲突博弈以及相互重构。

这些冲突博弈与相互重构又是通过具体的行动主体不断展开。在这个过程中，村庄逐渐分化，一些村庄积极投入互联网新经济需求与规模生产中，同时还形成了村庄之间的生产协作，而以西望村为代表的另一些村庄则与之形成反差，巧妙地形成新的平衡。正如在调研中，笔者看到了西望村村民和各种手工艺人对于产品的工匠精神和蓬勃的市场意识，也看到了村民委员会作为传统范氏家族和手工艺人的结合体，借助外部力量，推动村庄发展。这些力量之间又达成平衡，正向推动整个产业的发展，并使得西望村展现出中国传统工艺在村级经济中发展的独特逻辑。

6.1 冲突与博弈：西望村

西望村是宜兴丁蜀地区著名的紫砂壶名村之一（图 6-1）。它所在的太湖西岸，陶土矿产蕴藏量极为丰富（《宜兴市土地志》编纂委员会，1998）。历史上，紫砂壶制作一直和丁蜀周边的农村有着千丝万缕的联系。紫砂壶属手工作坊式生产，工具小巧、所用场地不大，非常适合于农村家庭生产，许多农民在忙完田间农活后便在家里做紫砂壶。这些客观条件成就了丁蜀窑场与周边农村做紫砂壶的结合机缘，历史上出了不少名工巨匠。村民大都是范大生、范章恩等制壶名人的后代，沿袭了农闲时制壶的传统。全村现有人口 3 000 多人，其中本地人 2 184 人，80% 以上的农民从事紫砂手工业生产，并基本退出农业生产。

西望村是互联网兴起后宜兴第一批探索电子商务经济发展的样本村庄之一[①]，也是电子商务受益最多的村庄之一。2009 年西望村就开始积极

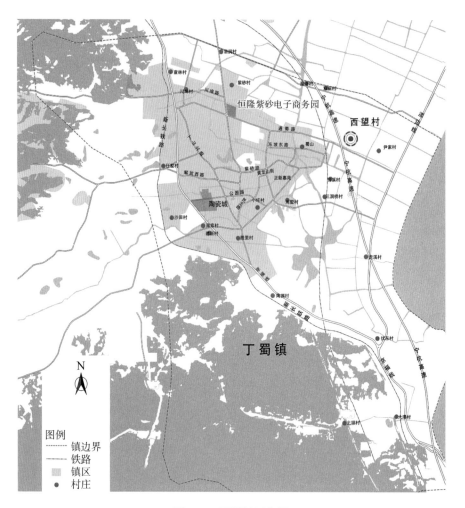

图 6-1　西望村区位图

探索电子商务经营方式,花大力气打造了紫砂创业一条街。到 2015 年,西望村紫砂产业年产值达 1.6 亿多元,村民人均纯收入达到 4.52 万元,列宜兴市行政村首位。

6.2　快速增长的两类生产组织方式

西望村紫砂壶早期主要以村里少数手工艺人自产自销的方式为主,产量低,更多借助熟人和经销商进行分销。电子商务出现后,首先改变了销售方式。2014 年底西望村线上销售就超过 5 000 万元,近年来还在快速增长。

从产品的类型来看,中低端壶增长的速度最快,特点是针对广泛的紫砂壶入门群体或者感兴趣的外行,在工艺上要求不高,价格便宜。这带来了针对中低端壶生产方式的调整。生产过程往往被分解为几个模块,比如壶身由机器拉坯,而壶嘴、壶把、壶盖等制作则由手工艺人甚至不同手工艺人分工协作完成;生产地点也更为灵活,既可以分散在不同的手工作坊,也可以在工厂里按照工序组装。这些调整的最大好处在于分解模块化,适应规模化生产(表6-1、表6-2)。

与火爆的线上市场形成反差的是,一些高端手工艺人的产品并不依赖电商销售。在调研中,一位高端手工壶的制壶人说:"我的壶一个月才能做一把,带徒弟一个月最多也就三四把,电商销售一般是中低端跑量,对我没有太大影响。"

表6-1 快速增长的两类产品组织方式

类型	生产组织方式	生产周期	生产特征	占比/%
普通手工壶	需要大量手工艺人,分散生产或在工艺厂集中生产	1把/几天至一周	初级、中级手工艺人	约46
半手工壶	由两道工序组成:①用石膏模具或机器拉坯制作壶身;②手工艺人制作壶嘴、壶把、壶盖等各个部分,并组装完成。两道工序在时空上可以分离	3—4把/天	工厂与初级手工艺人协作	约44

注:占比处数据来源于笔者对2015年底天猫平台注册地址为"宜兴丁蜀镇"的紫砂壶店铺(共计91家)的销售量统计,其中普通手工壶的占比约为46%,半手工壶的占比约为44%,高端商品壶的占比约10%。

表6-2 西望村手工生产及与电商销售合作的典型调查样本

样本	产品类型	手工生产			与电商销售的合作
		生产周期	生产地点	生产者(工艺职称)	
1	高端手工壶	1个月左右1把	工作室	本村手工艺人(高级),带徒弟	不依赖电商销售
2	普通手工壶	1周左右1把	工作室	本村手工艺人(中级)	与1—2家电商合作,与实体店合作(北京、上海、广州等地茶叶店)
3	普通手工壶	几天至1周1把	工厂生产(6—7人)	外来从业者(无),雇用本地人生产	有销售渠道(有直营店),与电商合作
4	普通手工壶	几天至1周1把	工作室	本村手工艺人(初级)	自产自销,与电商合作
5	普通手工壶 半手工壶	几天至1周1把	家(同时在紫砂工艺厂上班)	本村手工艺人(无),或父辈生产,或从亲戚朋友家拿货,或从当地"圈子"里拿货	自己开网店
6	普通手工壶 半手工壶	几天至1周1把;每天3—4把	工厂生产(十几人)	外来从业者(无),雇用本地人以及外地同乡生产	有销售渠道,与电商合作

6.3 新的社会网络关系

西望村原本相对单一的、以范氏家族为主的熟人社会，逐渐出现了两种新的社会关系。

（1）在原有手工艺人之间的同行、师徒等人际关系的基础上，建立了职称体系[②]。评定职称成为手工艺人个人价值的重要证明。2009年西望村只有几十人有工艺职称，且以中低职称为主，层级差距小，技术科层关系不明显。至2016年底，全村300多人有工艺职称，且60多人为中高级职称[③]。

（2）产品的标准化和规模化生产，扩大了对上下游专业人才的需求，特别是陶刻、点彩等专业技术的外地艺人，他们与本地村民形成了非常好的跨专业协作关系。

6.4 新的空间组织

近年来，村民委员会花大力气改造了由南向北的进村大道——蜀古街。蜀古街已经成为地区重要的创业工作室和手工壶制作的集聚地，又被称为"西望紫砂创业一条街"。沿街布局有范家壶庄、龙德堂、紫陶坊、壶艺轩等入街工作室共计183家[④]（图6-2、图6-3）。这些工作室大都是由本地中高级手工艺人创办，已成为"宜兴紫砂家族式传承发展的一个缩影"[⑤]。

同时，几乎每家工作室都提供了可供来访者交流与体验的空间。其中，在与龙德堂的主人高级工艺美术师范泽锋的交流过程中，他提到自己正在研发一些能使非专业的人通过短暂的制壶操作获得成就感的活动，并希望将村里多余的房子腾出来，将其作为开放共享的休闲、体验场所。

另外，蜀古街还承担着紫砂文化传播与交流的功能。在改造时，蜀古街的北端新建了一处"百姓窑"[⑥]（图6-4），集中烧制蜀古街上各工作室生产的紫砂壶，展示传统土窑的烧制技法与魅力。

在紧邻村民委员会的地方设置了"国际陶瓷文化交流中心"，作为紫砂文化对外交流的一个永久性的会场。这里曾经举办过第七届中国宜兴中韩紫砂文化交流活动。旁边还设有西望村农民合作社、江南大学研究生工作站。

随着紫砂产业的发展，在更大的地理范围形成了新的区域协作关系（图6-5）。

（1）西望村占据紫砂产业链的中高端，聚集了高端手工壶制作和生产功能，甚至还承担了紫砂文化传播和培训手工艺人的功能[⑦]。

（2）镇区成为电商企业集聚地和物流集散地。两个较大的电商企业集聚地逐渐形成——恒隆紫砂电子商务园和陶瓷城[⑧]。2015年丁蜀镇电商成交额超过6亿元，成为连接网络的控制中心，并跟各个手工业村保持紧密联系。

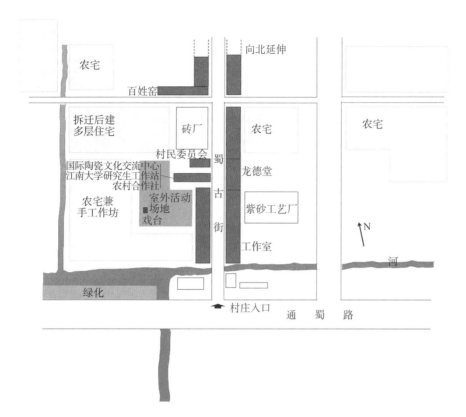

图 6-2 西望村的空间特征

图 6-3 西望村航拍图

（3）其他一些村庄开始规模化生产紫砂壶产品，并且部分村庄之间出现生产协作。如潜洛村、定溪村等村庄，出现了大量的模具生产、机器拉坯；定溪村为双桥村以及陶瓷城等一些再加工的手工艺人提供半成品；而原本就是乡村地区紫砂制品批发市场的双桥村，逐渐成为电子商务经济中的"电商仓库"。

图 6-4 西望村百姓窑

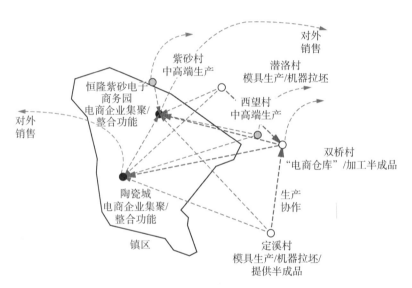

图 6-5 新的区域关系

西望村的种种变化都与紫砂壶的生产关联起来,并呈现出以下两种截然不同的底层逻辑:

一种是按照普通工艺紫砂壶标准化、模块化的生产需求重组资源和社会关系,包括为手工艺人评定职称、跨专业协作,以及在更大范围内形成上下游生产协作等。

另一种则是按照高端紫砂壶定制化的生产需求,延续传统的熟人"串货"、私人定制的方式。

此外,还有一些现象很难简单地归结在这两种逻辑中,比如本村手工艺人和外地人一些特定的合作;甚至还存在边缘性的非正式的场景出现,如劣质灌浆壶的生产。

6.5 全球化流动与地方力量的博弈与相互重构

6.5.1 背景:农村土地制度改革解除了农民与土地之间的硬性捆绑

1978年以后,国家陆续发布了一系列重要的政策文件,承认多种所有制和经济形式的存在,允许土地转包,出台繁荣小城镇政策,允许农民进城经营各类工商服务业等,逐步解除了农民与土地之间的硬性捆绑,解除了原有体制对农民经营自由的重重禁锢(周其仁,2017)。被解除土地束缚的农民也会自发地寻求实现自我的市场,参与更具有经济效益的紫砂手工业生产中。他们的生活方式、生产方式和社会交往方式等方面都发生了质的变化,实际上已经是扮演着新社会角色的"农民",只是还在某种程度上保留了与土地的联系⑨。

农村经济要素得以流动,为电子商务在农村发展提供了可能性。

6.5.2 全球化及电子商务经济的推动

1)促生"利基市场",扩大市场基础

紫砂壶原本是一个相对较为小众并有一定门槛的文化产品。"即便是一个小众的'利基市场'⑩,也能使共同爱好者们迅速找到组织,并且相互分享"(Kelly,2016)。借助电商平台、社交媒体、口碑宣传等等一切的手段,收集这部分小众,甚至传统传播方式接触不到的用户,把小需求变成大市场。

2)引导多元化客户需求,促使产品进一步分层分级

电子商务模式使得供给与需求的连接变得空前便捷与准确,也加速了消费者需求的细分:①收藏与实用紫砂壶的分离,即高端紫砂艺术品的收藏⑪与普通商品壶的消费分离。②实用紫砂壶之间进一步分层分级。如手工壶与模具生产分离、普通手工壶细分等。同时,更直接地反映在价格上,如"紫砂壶销售价格与手工艺人工艺职称挂钩"(表6-3)。

表6-3 紫砂壶产品进一步分层分级

类别	职称	价格	价值
手工壶	研究员级高级工艺美术师	几万元至几十万元,甚至更高	高收藏价值
	高级工艺美术师	6 000—50 000元	实用价值、收藏价值
	工艺美术师	3 000—20 000元	实用价值
	助理工艺美术师	2 000—10 000元	实用价值
	工艺美术员	1 000—3 000元	实用价值
	无职称	几百元	实用价值
半手工壶	有或无职称	几十元至几百元	实用价值

6.5.3 地方力量的影响

1) 行业从业者的行动

本地从业者是最早的受益者,推动建立行业规则和门槛。①早在2002年当地就成立了行业协会[12]。近年来,行业协会通过举办各种紫砂制作比赛、评选交流活动、宣传活动等,维护手工艺人的利益。②成立农民合作社,进一步强化诚信,抱团发展。2009年,西望村300多位陶艺人员自发成立了全国首个以手工艺生产为主的"西望村紫砂陶艺专业合作社"。③参加技能培训,提高工艺职称。2012年以来,无锡市陶瓷创业培训基地[13]为西望村村民提供了大量"送教下乡、送培入村"形式的培训服务。

外来从业者受到门槛限制,更多的是从事辅助性工作。如在生产方面,从事陶刻、点彩等专业服务,或者在作坊里当学徒,或者从事机器拉坯等;在销售方面,从事电商企业客服、快递等工作;或是有自己的销售渠道,雇用本地人生产等。

在这个过程中,各类从业者不断寻找市场机会,出现了部分外来从业者联合本地手工艺人,大量生产半手工壶的情况;一些民间艺人专门仿制大师壶;甚至还有批量化生产劣质灌浆壶等非正规生产等,破坏市场规则。

2) 镇政府的引导

丁蜀镇政府的目标是促进镇的整体社会经济发展。

对于紫砂行业的发展,丁蜀镇政府既鼓励传统手工生产,也鼓励新的电子商务的发展,并出台了《丁蜀镇关于促进电子商务集聚发展的意见(试行)》等一系列政策措施。打造具有地方特色的紫砂电商主题园区是丁蜀镇政府近年来的工作重点之一。按照"政府引导、企业主体、市场化运作"的园区集聚发展思路,对恒隆紫砂电子商务园积极招商,提供租金减免等优惠政策,引导紫砂电商企业集聚[14]。

此外,丁蜀镇政府还承担着促进地方旅游、生态、宜居、服务等方面发展的任务。近年来,丁蜀镇政府积极组织编制《陶都风情小镇概念规划与城市设计》,计划打造总用地 240 hm^2,集文化创意产业、居住与旅游服务于一体的功能区。

3) 村民委员会的举措

村民委员会作为村民自治管理的基层组织,扮演了一个非常特殊的角色。西望村村民委员会的核心成员由中高级职称的手工艺人组成,同时又是范姓家族成员。对内,以本地诉求为主,更倾向于维护本村的利益。如邀请行业协会举办各种交流、培训活动;在每家工作室旁边挂上一块"诚信格言"的铭牌,彰显诚信,维护本村手工艺人的利益。对外,接受上级政府的行政指导,并获取一部分建设的发展资金。

一旦出现外部资源,村民委员会就会努力争取,并尽可能地利用外部资源来为本村发展服务。如积极申报省市级各种示范点[15],这就解释了为什么尽管村庄本身经营电子商务的比例并没有那么高[16]，但仍然获得了"农村电子商务示范村"的称号。

这也可以解释西望村主题化街道的出现。新农村建设[17]并不是简单的修缮和整治环境，而是与行业的发展密切结合，并不断演化出各种功能性的空间（表6-4）。

表6-4 重塑乡村的主要力量及其影响

西望村的发展变化	重塑乡村的力量及其具体影响	
西望村的种种变化都可以与紫砂壶的生产关联起来，并呈现出两种截然不同的底层逻辑：一种是按照普通工艺紫砂壶的标准化、模块化的生产需求重组资源和社会关系，包括为手工艺人评定职称、跨专业协作，以及在更大范围内形成上下游的生产协作；另一种是则是按照高端紫砂壶定制化的生产需求，延续传统的熟人"串货"、私人定制的方式。此外，还有一些现象很难简单地归结在这两种逻辑中，比如本村手工艺人和外地人一些特定的合作；甚至还存在边缘性的非正式的场景出现，如劣质灌浆壶的生产	全球化及电子商务经济	与当地手工业生产产生冲突博弈，并相互重构：①促生"利基市场"，扩大市场需求；②引导多元化客户需求，促进紫砂市场分层分级
	地方力量	行业从业者的行动 (1) 本地从业者——推动建立行业规则和门槛 ①成立行业协会，维护从业者利益；②成立农民合作社，进一步强化诚信；③参加技能培训，提高工艺职称。 (2) 外来从业者——受到门槛限制，寻找市场机会，从事辅助性工作
		镇政府的引导 促进镇整体的社会经济发展；既鼓励传统手工生产，也鼓励新的电子商务的发展；促进地方旅游、生态、宜居、服务等方面发展
		村民委员会的举措 (1) 对内，以本地诉求为主，更倾向于维护本村的利益。对外，接受上级政府的行政指导，并获取一部分建设的发展资金。 (2) 一旦出现外部资源，村民委员会就会努力争取，并利用外部资源为本村发展服务

西望村是电子商务快速发展背景下我国千万个乡村的一个缩影，展现了互联网技术与地方产业结合所迸发的深刻改变乡村地区的巨大力量。而西望村又是极其特殊的。

这种特殊性一方面来自手工业的特殊性。相比能够标准化生产的工业产品，手工业通常具有限的分工，尤其是在高端紫砂壶的手工生产中，分工甚至是不存在的。作为艺术品的紫砂壶，其制作过程通常由工艺大师独立完成，或在师徒制下完成，以确保技艺的纯粹性和独特性。这种手工业的精细和个性化与全球化及电子商务经济所要求的规模化、快速流动形成矛盾。因此，我们看到了二者之间的冲突、博弈以及相互重构。

在这个过程中，村庄逐渐分化，一些村庄积极适应互联网新经济的需求,投入规模化的生产中,并且形成了村庄之间的生产协作网络。这样的变化使得这些村庄能够迅速响应市场需求,提升经济效益。

而以西望村为代表的另一些村庄则走出了一条新的道路,巧妙地在传统与现代之间找到了新的平衡。在调研中我们发现,西望村的村民和手工艺人不仅致力于保持传统工艺,而且积极探索如何在互联网市场中立足。村民委员会作为传统范氏家族和手工艺人的结合体,充分利用外部资源和力量,推动村庄的发展。他们思想活跃,积极拥抱变化,利用电商平台和新的社交媒体推广产品,并且仍然坚持一部分手工制作的方式。这种平衡使得西望村在激烈的市场竞争中脱颖而出,展现了中国传统工艺在村级经济中发展的独特逻辑。

通过这样的努力,西望村不仅为手工艺人创造了可持续的生计,在经济上取得了成功,而且在文化传承和创新中增强了村庄的文化自信,使得西望村成为一个既富有传统文化底蕴又充满现代活力的地方。这也正是面对当下缺失"乡愁"、快速变化的现代社会,西望村所传承的极为重要的人文价值与意义所在。

最后,随着互联网和电子商务的进一步发展,越来越多的村庄将卷入这场互联网的革命中,需要规划者和管理者对于各方力量更敏锐的洞察和思考,只有更为准确地认知真实世界,才能更好地迎接新一轮挑战。

[本章内容根据周静,2008.电子商务与手工业村的博弈与重构:以宜兴西望村为例[C]//中国城市规划学会.共享与品质:2018中国城市规划年会论文集.北京:中国建筑工业出版社:74-85进行了部分修改]

第6章注释

① 改革开放以前,西望村以从事农业生产为主,"1 100多口人,厮守着1 600亩(约107 hm^2)贫瘠的土地";改革开放以后,紫砂工艺二厂在西望村设立分厂,部分村民进厂生产,学习制壶技能;20世纪90年代随着市场经济进一步发展,集体企业相继改制,农民生产紫砂壶自产自销的模式逐渐形成,并出现了经销商收购的方式。

② 紫砂工艺职称考评体系按照江苏省人事厅出台文件执行,对申报条件、评审条件都有严格要求。另外,每年从江苏省工艺美术专业任职资格评审专家库中,随机抽选组成省级评审专家组。见《江苏省工艺美术专业工艺美术师、高级工艺美术师资格条件(试行)》《江苏省研究员级高级工艺美术师资格条件(试行)》。

③ 数据由西望村村民委员会提供。

④ 除了183家工作室外,街道上还密集分布着村民委员会、陶瓷文化交流中心、饭店、理发店、超市、快递、邮政便民服务站、农村金融综合服务站及自助银行、"村村通"公交车站等服务设施。

⑤ 参见史俊棠:《盛世紫砂西望村》(2012年)。史俊棠为宜兴市陶瓷行业协会会长。

⑥ 长度近百米,分窑头、窑床、窑尾三个部分,每隔一段距离就开着投放颜料的小洞(俗称鳞眼洞)。

⑦ "西望村成为远近闻名的紫砂专业村……坚持文化紫砂的培育、诚信紫砂的打造,

逐渐走出一条传统工艺在村级经济中科学发展的路子。"参见史俊棠：《盛世紫砂西望村》(2012年)。

⑧ 根据天猫平台店铺地址统计，以及实地调研得到。

⑨ 大部分村民通过耕地转包，获得一部分财产收入。

⑩ 利基市场(niche market)，主要指高度专门化的需求市场。

⑪ 在拍卖市场上，2011年紫砂壶发展成为新兴的艺术品门类，中国嘉德国际拍卖有限公司、北京翰海拍卖有限公司、西泠印社拍卖有限公司等均辟出紫砂壶专场，并且取得了较大的社会影响力。据统计，截至2017年6月成交价格超过千万元的紫砂壶共有7件。

⑫ 宜兴市陶瓷行业协会，地址设在丁蜀镇区。

⑬ 2011年底，丁蜀成人文化技术学校被批准命名为无锡市陶瓷创业培训基地，承担无锡市紫砂方向的创业培训项目。在无锡市人力资源和社会保障局的指导和支持下，学校主动找到了西望村，决定采用"送教下乡、送培入村"的形式培训学员。

⑭ 2017年进驻48家企业，包括天猫商城销售前三名在内的规模电商20家，其他为中小电商企业、第三方服务以及物流企业。

⑮ 2011年以来西望村共获得省市级27项荣誉称号，包括省级创业孵化示范基地、文明村、农村电子商务示范村、市级陶都美丽乡村等一系列示范点称号。

⑯ 电子商务销售约占总量的1/3。

⑰ 主要包括打造紫砂创业一条街，使之成为西望村发展创业、个人工作室的空间载体(2010年新农村建设)；修建西望村篮球场、戏台和小游园等室外公共活动中心，以及对蜀古街的沿街立面进行美化，对河浜驳岸的修缮等(2015—2016年底的美丽乡村建设)；2017年，村里进行天然气引入工程。

第6章参考文献

《宜兴市土地志》编纂委员会,1998.宜兴市土地志[M].南京:江苏人民出版社.

陈然,2016.地方自觉与乡土重构:"淘宝村"现象的社会学分析[J].华中农业大学学报(社会科学版)(3):74-81.

胡燕,2012.宜兴紫砂发展历史及活态传承研究[D].南京:南京农业大学.

黄宗智,2015.中国乡村研究:第十二辑[M].福州:福建教育出版社.

江苏省宜兴市丁蜀镇志编纂委员会,1992.丁蜀镇志[M].北京:中国书籍出版社.

杰夫瓦西,2016.电商如何改变中国[M].高尚平,译.北京:中信出版社.

库兹韦尔,2011.奇点临近[M].李庆诚,董振华,田源,译.北京:机械工业出版社.

钱丽芸,朱竑,2011.地方性与传承:宜兴紫砂文化的地理品牌与变迁[J].地理科学,31(10):1166-1171.

史俊棠,2012.盛世紫砂西望村[Z].宜兴:西望村村民委员会.

肖唐镖,2008.当代中国农村宗族与乡村治理:跨学科的研究与对话:第二辑[M].北京:中国社会科学出版社.

杨忍,刘彦随,龙花楼,等,2015.中国乡村转型重构研究进展与展望:逻辑主线与内容框架[J].地理科学进展,34(8):1019-1030.

张京祥,申明锐,赵晨,2014.乡村复兴:生产主义和后生产主义下的中国乡村转型[J].国际城市规划,29(5):1-7.

张梅珍,2013.历史上丁蜀镇周边农村紫砂艺人、名人形成原因初探[J].江苏陶瓷,

46(3):8-9.

周国华,2013. 陶醉西望[Z]. 宜兴:西望村村民委员会.

周其仁,2017. 城乡中国[M]. 修订版. 北京:中信出版社.

DOBBS R,CHEN Y G,ORR G,2013. China's e-tail revolution:online shopping as a catalyst for growth[Z]. McKinsey:The McKinsey Global Institute.

KELLY K,2016. The inevitable:understanding the 12 technological forces that will shape our future[M]. Berkley:Penguin USA.

第 6 章图表来源

图 6-1、图 6-2 源自:笔者绘制.

图 6-3 源自:西望村村民委员会提供(2017 年 3 月拍摄).

图 6-4 源自:笔者拍摄.

图 6-5 源自:笔者绘制.

表 6-1、表 6-2 源自:笔者根据实地调研绘制.

表 6-3 源自:笔者根据实地调研及参考电商平台数据绘制.

表 6-4 源自:笔者绘制.

7 工业产品淘宝村

在三合口村发展过程中,镇村两级政府发挥了重要作用。空间规划建立起基本的发展框架,更大范围统筹基础设施和资源,支撑地区发展。

南通国际家纺城,这个曾经的农村交易市场,现已发展成为一个关键的"枢纽性"功能节点,被三合口村等十几个村庄所环绕。它不仅通过互联网平台汇集了全球家纺行业的信息和资源,而且积极拓展跨境贸易,将中国家纺产品推向世界;并且通过信息技术和数据分析,优化资源配置,有效地整合地方资源,使地方化联系更加紧密。

7.1 基于信息与通信技术的复杂协作系统建立:三合口村

本章针对新经济活动极为活跃的乡村工业化地区的研究,试图理解信息技术及电子商务对于乡村空间及其组织方式所产生的深刻影响。如同以往的工业革命对现代城乡空间形态产生的巨大作用那样,网络经济作为一种极具运行效率和竞争力的新经济形式,也将对未来城乡空间结构产生巨大影响(童明,2008)。信息时代流空间与地方空间在乡村地域互动的过程,使得乡村得以突破传统区位束缚,参与全国乃至全球的产业分工(罗震东等,2017)。需要重新审视信息时代乡村地区发展的多元性和可能路径。

研究问题如下:信息技术及电子商务是如何嵌入当地的生产组织中?相应的在空间上出现哪些新的特征?在这个过程中,地方政府和规划发挥了怎样的作用?既有的规划手段能应对信息技术时代带来的变化与挑战吗?

本章以典型电子商务村庄南通三合口村为例,展开田野调查。三合口村位于南通通州区川姜镇中部,距离南通市区 22 km,交通便捷,南接苏通大桥,北邻南通兴东国际机场,伴随苏通大桥的通车,已融入上海 1 h 大都市圈。三合口村现状用地为 2.6 km²,本地人口为 2 917 人,常住人口为 5 300 多人;目前全村拥有 56 家规模企业和 150 家左右的家庭作坊。

1) 20 世纪 90 年代以来民营企业大量集聚

20 世纪 90 年代开始,三合口村等当地从事家纺生产的村庄逐步从家庭式的分散作业到组织起来规模生产,从手工操作到现代化作业,从单纯自产自销发展到产、供、销配套成龙。1998 年底随着乡镇企业改制完成,三合口村大部分乡镇企业转变为民营企业,此时诞生了以家纺龙头企业罗莱家纺为代表的一批有活力的民营企业,并不断吸引外来企业来此落户。

2) 2005 年至今电子商务兴起

随着电子商务的兴起,三合口村成为探索电子商务发展的样本村庄之一,家纺类网店大量涌现。2015 年底在村内开网店的户数为 230 余户,网店总数为 328 家,电子商务从业人员有 2 000 余人。2016 年 1—6 月三合口村电子商务销售交易额达到 2.5 亿元。2014—2016 年三合口村连续三年被阿里研究院认定为淘宝村,2015 年末又被江苏省商务厅评为第三批江苏省农村电子商务示范村。

7.2 数据驱动生产日趋明显

数据[①]正在成为一种独立的生产要素且日趋重要。在对三合口村家纺企业的调查中发现,近 80% 的企业设立了自己的电子商务销售部门,其中面向消费者的电子商务活动以阿里系平台[②]为主。

1) 辅助生产决策:企业与消费者之间的数据流动

三合口村的企业和农村网店使用最为广泛的数据信息服务是阿里系平台付费软件"生意参谋"。如同使用股票软件一样便利,行业大盘数据、热门产品销售量、产品价格区间、购买人群、搜索关键词等网上成交数据,现在通过后台分析软件就能够实现实时可视化[③]。这对于企业掌握消费者的动态信息、把握行业趋势、及时调整生产与销售非常重要。

2) 协同上下游供应链:企业与企业之间的数据流动

近几年,"找家纺网""591 家纺平台""91 家纺网""DSS 家纺网"等本地化商业对商业(B2B)平台快速崛起,为企业提供家纺信息[④],帮助上下游企业精确匹配,并在数据支持下提供更加细致的专业性服务[⑤]。这些商业对商业(B2B)专业平台提供的是基于数据的生产性服务,是信息经济产生的新的分工,在协同上下游供应链,企业对接、合作方面发挥着越来越大的作用。

另外,数据还使得定制化生产得以实现。"从下单那一刻起做生产",数据是决定生产数量的信号。针对网上高端订单如蚕丝四件套等,几家规模企业设立独立的生产线,提供定制化、柔性化生产[⑥]服务。另外,数据分析还被广泛应用于开拓新市场、精细化管理和开展网络营销等方面。在传统风格基础上进一步丰富家纺产品风格,并开拓新的电子商务品牌[⑦](图 7-1)。

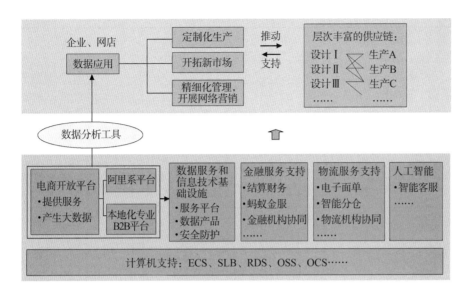

图 7-1 数据驱动生产

注：B2B 指商业对商业；ECS 即 Elastic Compute Service，指弹性计算服务；SLB 即 Server Load Balancer，指服务器负载均衡；RDS 即 Relational Database Service，指关系型数据库服务；OSS 即 Object Storage Service，指对象存储服务；OCS 即 Overseas Courier Service，指国际快递服务。

7.3 生产组织深刻变革

全球—地方网络的连接：分工前所未有的纵深发展。

在三合口村的案例中，存在以下两种较为明显的协作趋势：

1) 本地化协作

既有的本地化庞大生产网络[8]，加上新兴的电子商务以及微小层面的分工，使得新的生产组织兼具弹性与效率。一旦上游发生创新改变，下游中小企业和家庭作坊之间的生产合作可以迅速调整，重新组合形成新的生产网络。

新兴的电子商务整合、协调下游企业拼单式生产。在三合口村，一些较大规模的电子商务企业具有较强的整合能力。大部分会与 7—8 家工厂合作，其中一家 200 多人规模的电子商务企业，通过与 20 多家工厂稳定合作以及 10 多家工厂弹性合作，实现了小批量、多品种家纺产品的供货（表 7-1）。

本地农民基本退出农业生产，以家庭作坊的方式参与家纺生产加工环节中，形成微小层面的分工——分工细化的程度几乎达到不能再细分的程度。据统计，三合口村有 150 多家的农村家庭作坊（表 7-2）。规模小的作坊仅有 2—3 人，大的作坊有 10 多人。生产加工产品主要来自本村或邻村家纺企业的外包。通常，每家农户只加工一类小件，或从事其中的一道工序。如加工坐垫、床裙，生产床裙模型，又或者从事面料绣花或绗缝[9]，甚至小到在枕芯充棉之前，灌装决明子也独立成为一道加工工序。

表 7-1 三合口村典型家纺电子商务企业调查样本

企业样本 （产值）	生产组织			空间组织
	设计环节	生产环节	销售环节 （电子商务 销售占比）	
企业一 （3亿— 4亿元）	有2—3名本企业设计师，并与设计单位合作	有工厂（80多人）	有一个电子商务品牌，团队人数为6—7人，电子商务销售占比约为30%	南通市区（设计）⇄三合口村（生产）（总部）⇄家纺市场（销售）
企业二 （1亿— 2亿元）	外包	有工厂（40—50人），并与20多家工厂保持稳定合作，临时合作工厂有10多家	有三个电子商务品牌（针对年轻人的快时尚家纺、儿童家纺和大众家纺），团队人数共200多人，电子商务销售占比约为100%	南通市区（设计）⇄三合口村（生产）（销售）（总部）⇄三星镇（销售）；上海（设计）
企业三 （5 000万元）	与设计师、工作室合作	有工厂（80多人）	有两个电子商务品牌，团队人数为5—6人，电子商务销售占比约为10%	南通市区（设计）（销售）⇄三合口村（生产）（总部）
企业四 （3 000万元）	有5—6名本企业设计师，并与法国、意大利等外国城市，以及我国上海、南通本地设计师合作	有两家工厂（共100人左右），一家工厂为普通生产线，另一家工厂提供柔性生产和高端定制服务	为电子商务企业、微商供货；提供拼单式生产服务	南通市区（设计）⇄三合口村（生产）⇄法国、意大利（设计）；家纺市场（销售）（总部）；上海（设计）
企业五 （500万元）	无	有工厂（10多人）	夫妻做销售，另聘客服2—3名，电子商务销售占比约为50%	—

表 7-2 三合口村家纺生产家庭作坊数量统计

生产类作坊	生产类 作坊数量/家	配套类作坊	配套类 作坊数量/家	原材料 加工作坊	原材料加工 作坊数量/家
四件套生产	24	电脑绣花	19	棉加工	1

续表 7-2

生产类作坊	生产类作坊数量/家	配套类作坊	配套类作坊数量/家	原材料加工作坊	原材料加工作坊数量/家
被套生产	5	绗绣	9	木棉加工	1
被子生产	12	小件加工	3	无纺布	1
毛毯类生产	4	布仓库	7		
枕芯生产	2	纸箱生产	4		
—	—	包装	4	—	—
		绗车	1		
		其他	5		

2）全球化链接

全球化链接主要集中在部分附加值更高的设计、研发环节。在连接互联网之前，当地民营企业在花型、款式、面料上都相对单一，主要以生产中低端家纺为主。通过互联网，企业更倾向于在全球范围寻找更优秀的资源，"将最流行的设计花型、款式等与本地的机器、生产工艺等结合在一起"[20]，降低企业成本的同时使得产品质量大幅提高。

表 7-3 为三合村部分家纺电商经营情况统计，样本数量为 21 家。

表 7-3 三合口村部分家纺电商经营情况统计

规模	电商平台	样本数量/家	从业人数/人	大学生人数/人	2015 年度交易额/万元	日均发单量/件	经营产品类型（经营电商数/家）
超过 1 000 万元	天猫	2	40	25	3 800	1 300	床上用品
			25	10	1 500	400	床上用品
	网站	1	20	15	1 000	300	床上用品
小微规模	淘宝/天猫	17/1	平均 2—4	19	50—300	8—50	床上用品(4)、四件套(11)、被套(1)、垫子(1)、床垫(1)

7.4 新的空间组织

7.4.1 参与全球网络的新空间分工

当信息技术制造业的逻辑从信息技术设施的生产者下渗到整个制造业领域这些设施的使用者时，新空间逻辑也随之扩张，创造了全球产业网络的多重性，而其中的相互交错与排他性改变了工业区位的观念，从工厂基地

（factory sites）转变为制造业的流动（manufacturing flows）（Castells，1996）。连接上互联网的乡村，实际上已经在参与全球网络的新空间分工，在这个过程中不断围绕新的经济活动重新组织生产和生活空间。

三合口村从传统生产加工型村庄，向生产加工、设计研发、创新等功能复合化的空间单元转变。近年来，三合口村新建成56栋6层标准厂房及相应的宿舍、食堂、公寓等相关配套设施，总投资超过10亿元，总建筑面积为68万 m^2，采用产学研一体化设计，满足企业生产、办公、研发等多种功能需求。这种标准厂房具有通用性、配套性、集约性和节能省地的特征，适合中小企业入驻。需求面积主要集中在 1 200—2 500 m^2，部分企业需要面积为 3 000—5 000 m^2，超过 6 000 m^2 的则较少[①]（图 7-2 至图 7-4）。即便小到一户农宅，都是集生产、居住、生活于一体的微小功能复合化的空间单元。

图 7-2　2015 年底三合口村影像图

图 7-3　三合口村新建标准厂房　　图 7-4　三合口村新建配套住宅

7.4.2 正在崛起的"枢纽性"功能节点

更为重要的是,被三合口村等十几个村庄围绕着的南通国际家纺城正在崛起。家纺城由分属通州、海门两地的面料市场和成品市场组成,经过20多年发展,空间上基本融为一片,没有明显的界线。至此,家纺城由最初的农村交易市场发展到规模近 3 km²,拥有 2 万多家商铺,经营着1 000 多个家纺品牌的全国最大的家纺专业市场。

空间上,传统的面料市场收缩到家纺城东西向大道(金川大道)一侧,而另一侧则建成低密度、展示办公类的大型网供市场和两个电子商务产业园,形成"园中园"的空间格局。

以前来家纺市场只是去几家大商铺拿货,现在整个市场体量大的惊人,像 W 馆这类创意企业,还有研发、设计类企业也越来越多……每家店走进去都能感受到创意与活力,像是一场场生动、有趣的家居体验。如在一家名为"蔚澜"的商铺,不仅能看到个性化十足的产品,而且能喝到地道的咖啡,体验到小众的数码产品,欣赏到各式的花艺植入。而像"蔚澜"这种打造概念式体验店的做法正是南通家纺城众多商家转型发展的缩影。

——采访自一位来家纺城采购的商家,2017 年

另外,学校、医院、商业综合体、酒店、法院等配套设施也都在建设中,部分已经建成。

随着信息技术与地方产业深度融合,从乡村工业化初始无序、自发生长空间状态,趋向于向特定节点集聚、网络化空间组织。在这个过程中,村庄被纳入"全球—地方网络"的空间逻辑中,作为以产品生产为主的节点;家纺城则更多成为"枢纽性"功能节点,对外,通过互联网汇聚全球范围的家纺信息[12]及优质资源,并展开跨境贸易;对内,通过信息技术数据的驱动不断整合地方资源,提供区域性公共服务,使地方化联系更加紧密(表7-4,图7-5)。

表7-4 "全球—地方网络"空间逻辑下的生产节点与功能节点

类别	生产节点(各村庄)	功能节点(家纺城)
功能特征	相对独立的生产单元(产品生产)	"枢纽性"功能集聚中心(信息生产、数据生产、提供服务)
空间特征	由若干个微小复合化的空间单元组成,每个空间单元都具有连接到更大空间范围生产网络的能力	呈现出"园中园"格局,除了传统市场以外,近年来又形成了两个电子商务产业园和一个网供市场
集聚企业类型及数量	以生产型企业和分散的中小微型电子商务企业为主。以三合口村为例,有 56 家左右的规模企业、150 家左右的农村家庭作坊、230 余户网店	以平台型、功能型企业和商业对商业(B2B)的供货商等为主。除了传统商家以外,集聚 450 家商业对商业(B2B)供货商和 88 家电子商务、跨境电商服务机构及其相关企业

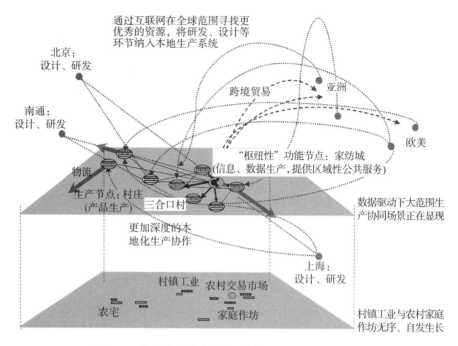

图 7-5　信息技术革命中的乡村工业化地区空间演进

7.5　地方政府及规划的角色

7.5.1　权责统一的制度安排推动地方发展

在三合口村发展过程中,镇村两级政府发挥了重要作用[13]。近年来,川姜镇作为省级创新平台、强镇扩权、综合治税试点镇等各种试点,获得上级政府的大力支持和政策保障。2014年底,川姜镇与家纺城"区镇合一",成立了"南通家纺城管理委员会",并将管理委员会迁至家纺城,实行扁平化管理,"一套班子,两块牌子",以此推动产城融合发展。

(1) 通过"区镇合一"下放事权[14],充分调动镇级政府自主发展、自我保障的主动性,开展招商引资、管理等相关工作。在保障建设用地方面,通州区一年建设用地指标只有500多亩,为了推动家纺产业发展,地方政府打破了原有的博弈均衡,"土地指标层层下拨",充分利用现有政策及自身权力的优势,推动规划适度集权,统筹向重点项目倾斜。在"三合口村地块拆迁是做大做强园区规模,构筑家纺产业发展平台的基础性工程"[15]的共识下,三合口村共获得建设标准厂房项目403亩(约26.87 hm^2)的用地指标,拆迁农户156户,并集中统一还建。

(2) 财政上,通过"综合治税"扩大税源,镇级新增财力留成比例提高。2011年,川姜镇作为"综合治税"试点镇[16],在一季度已完成19个行政村2 252户个体户(不含家纺城)的信息采集、民主评议和定额核定,每年新征税款720万元;位于川姜镇的家纺城,新增税收涨幅达45%。2016年川姜镇上缴税收超过5亿元,财政留存4000多万元,基层财政公共服务水平和统筹发展能力得到切实加强。通过完善区镇财政管理体制,配套奖励措施,推动地方快速发展。

正是事权、财权相对独立、权责统一,调动了地方政府发展的积极性。镇政府作为管理委员会的双重身份,一方面除了社会事务工作以外,还要保障地方的发展;另一方面,通过招商引资、税收,反哺区域建设,形成发展的良性循环。

7.5.2 空间规划在更大范围统筹资源

规划建立起基本的空间框架,更大范围统筹基础设施和资源,支撑地区发展。2014年,海门市、通州区两地政府联合编制了《中国南通(叠石桥·志浩)国际家纺商务城总体规划(2014—2030)》(图7-6)。该规划被视为近年来该地区发展最为重要的一个规划。该规划借鉴了花桥国际商务城、义乌国际小商品市场的案例,大气魄、大规模的"高起点"规划向外界展示了政府发展的信心并期望吸引更多的发展资源。

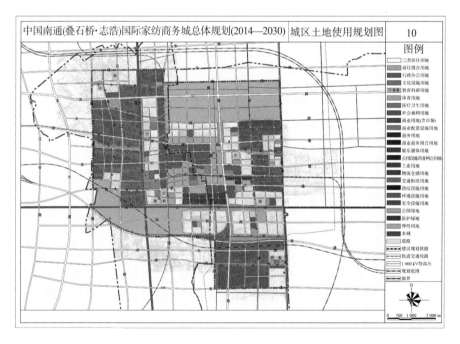

图7-6 《中国南通(叠石桥·志浩)国际家纺商务城总体规划(2014—2030)》城区土地使用规划图

规划突破传统基于规模等级体系的规划方法,将区域协同作为保障地方发展的重要战略。在空间布局上,规划提出重视区域空间的"延续生长"以及内部空间的"整合优化"。①调整用地。指导新一轮镇村布局规划,三合口村以及其他邻近家纺城共9个行政村被进一步纳入城镇建设用地（图7-7、图7-8）。②完善服务功能和居住功能。增加医疗、教育、文化等公共服务设施，保障一定比例的居住用地，提升整体生活品质。③倡导多主体协调发展，针对原多主体管理下的空间无序发展[17]，除了技术上打通各级道路和市政基础设施以外，建议对现行两大市场的管理体制进行改革创新[18]。

图7-7 川姜镇村庄布局现状图

以三合口村为代表的乡村发展经验，展现了信息技术与地方产业深度融合所迸发出的巨大力量，权责统一的制度安排充分调动了镇村两级政府发展的主动性，以及空间规划在更大范围内统筹资源，这些都成为实现创新经济爆发式增长的关键。透过该案例可以看到，随着信息技术深入发展，电子商务、移动通信、互联网金融、物联网等正在大规模普及乡村，更多的乡村将卷入这场信息技术革命中，一场更大时空范围应用驱动型、群体性的创新进程正在乡村地区展开。它正深刻地影响着中国乡村地区的发展，部分改变着乡村的生产组织和结构，为中国乡村振兴之路做出努力！

当然，这场变革还只是处于演进过程中，仍然会存在一些问题：数据作

图 7-8 川姜镇村庄布局规划图

为生产要素发挥作用才刚刚开始[19]，还有赖于未来数据进一步的开放与连接。互联网"群体创造"[20]通过价值创造过程中的分权，将进一步加速创新速度，"大数据"的力量未来将真正体现出来；制度也没有完全打开，区域竞争内耗仍然存在，正如在调研过程中，笔者看到相邻的两个市场仍然各自建设知识产权服务机构、检测中心等，而两套公共服务设施在空间上相距仅仅只有 1.5 km。同时，各级政府向服务型政府转变依然任重道远；空间规划也亟须进一步提升，创新规划手段和方法，思考如何在物质空间层面，更加合理、高效地引导与支撑人流、物流、信息流等各种要素流动？更为重要的是，如何在物质空间以外，在社会经济空间建立起空间协同策略，保障城乡社会公平并减轻出现的负面外部效应？这些都是后续发展需要加以重视的问题。

[本章内容根据周静，2018.电子商务推动的乡村空间重构：以南通三合口村为例[J].上海城市规划(6)：69-75进行了部分修改]

第 7 章注释

① 各种移动客户端[如手机淘宝、京东、微信等应用程序（Application,APP）]和物联网端设备等都是产生数据的重要数据源。

② 包括天猫、淘宝等平台。

③ 目前，实时获取网上交易数据的分析软件已经广泛应用。另外阿里集团数据公布，全国网商中使用"生意参谋"的占比达56.7%，2016年累计服务商家超过2 000万家。该软件每年费用在3 000元左右。

④ 专业平台相比全电商平台，专业性更强。一个有趣的现象是，阿里巴巴商业对商业（B2B）交易平台也入驻了当地，尽管拥有一流的技术和人才，但在提供家纺专业性数据信息和技术服务方面，远远落后于本地化的商业对商业（B2B）交易平台。

⑤ 访谈时，"找家纺网"的负责人说："公司目前的主营业务是数据信息服务，在这个基础上，还可以提供软件服务[帮助企业建立自己的网站与应用程序（APP），拓宽展示渠道]、物流代发服务（单件产品也能代发，降低企业成本）和金融服务（引入第三方金融机构，同时提供企业数据信息，防范金融风险）。"

⑥ 如可以将四件套的生产周期从一个月缩短至一周，同时保证产品质量。

⑦ 由于网上销售价格相对透明，为了避免对传统供销商的销售产生影响，实体店通常会注册区别于实体品牌的新的电商品牌。

⑧ 根据访谈，"在这样一个庞大的生产网络中寻找合作非常容易，并能够在当地找到家纺任何一个生产加工环节的最低成本"。

⑨ 三合口村有电脑绣花及绗缝的家庭作坊共22家。当地缝纫机器平均一两年就会更新换代。

⑩ 一位家纺生产企业设计师访谈时说。

⑪ 据三合口村村民委员会主任介绍。

⑫ 家纺城通过集聚功能性平台，每年举办"中国国际家用纺织品及辅料博览会""中国（川姜）家纺画稿交易会"等各种交流会，增强了信息、数据生产能力。一些生产企业特将电子商务销售部门设在家纺城，以此来汇聚、反馈市场信息和流行趋势。

⑬ 在上级政府的指导下，村民委员会主要执行和落实具体工作。

⑭ 向石港镇、川姜镇、五接镇试点下放区级经济社会管理权限245项，向重点镇区园下放涉及城管、安检共156项行政处罚、行政强制等行政权力事项。见《通州年鉴：2015》。

⑮ 参见南通市通州区人民政府网站《川姜镇：2010年工作总结》。

⑯ 赋予试点建制镇项目立项、投资审批、企业注册等方面的审批权限，加大财政支持、补贴、转移支付力度，逐步提高镇级新增财力留成比例。

⑰ 由于管理体制的不统一，面料、成品两个市场从创立初期就一直存在矛盾与相互竞争，地方的整体发展受到严重制约。

⑱ 规划提出建立现代化管理机制的两种方式。方式一：组建南通家纺集团股份有限公司。不涉及行政管理调整，充分调动市场的作用，通过股权整合组建公司。方式二：组建相对独立的家纺城园区。由南通市和海门市、通州区共同组建成立建设领导小组，形成区、城、镇合一的统一管理和建设。

⑲ 如在数据分析预测方面，"生意参谋"等数据产品平台以及更多的第三方数据软件正在以数据披露、浅度分析作为基础，拓展增值服务，提供更具深度的分析、诊断、优化和预测服务；在数据驱动的社会化物流方面，2014年随着电子面单的问世，以及随后产生的三段码、快递智能分单、物流轨迹全追踪等一系列技术上的创新，商

家与物流公司间大范围的协同场景正在浮现;另外,数据驱动的金融机构间协同运维的探索和实践、人工智能以及在实践层面的应用等也正在展开。

⑳ 群体创造包括重新定义企业和个人的互动(个人包括消费者、企业员工、供应商、合作伙伴和其他利益相关者),让他们投入价值创造的过程当中。

第7章参考文献

阿里研究院,2016.新经济崛起:阿里巴巴3万亿的商业逻辑[M].北京:机械工业出版社.

董鉴泓,2003.张謇在南通建设中的时代背景、理念及启示[J].城市规划汇刊(5):27-28.

罗震东,何鹤鸣,2017.新自下而上进程:电子商务作用下的乡村城镇化[J].城市规划,41(3):31-40.

南通市通州区地方志编纂委员会,2014.通州市志:1993—2009[M].北京:中国文史出版社.

南通市通州区地方志编纂委员会办公室,2016.通州年鉴:2016[M].通州:方志出版社.

童明,2008.信息技术时代的城市社会与空间[J].城市规划学刊(5):22-33.

王煜全,薛兆丰,2016.全球风口:积木式创新与中国新机遇[M].杭州:浙江人民出版社.

羽离子,2007.东方乌托邦:近代南通[M].北京:人民出版社.

CASTELLS M,1996. The rise of the network society[M]. Oxford:Blackwell.

KELLY K,2016. The inevitable:understanding the 12 technological forces that will shape our future[M]. Berkley:Penguin USA.

第7章图表来源

图7-1源自:笔者根据实地调研及阿里研究院报告整理绘制.

图7-2源自:谷歌地球(2015年12月).

图7-3、图7-4源自:笔者拍摄.

图7-5源自:笔者绘制.

图7-6至图7-8源自:南通家纺城管理委员会.

表7-1源自:笔者根据实地调研绘制.

表7-2源自:笔者根据三合口村村民委员会提供资料整理绘制.

表7-3源自:笔者根据实地调研绘制.

表7-4源自:笔者根据实地调研和川姜镇、三合口村等提供资料整理绘制.

8 淘宝村集群

初创企业、基于互联网的"信息中介"、独立设计师等新兴的市场行动者,构成了信息与通信技术(ICT)作用下常熟服装生产的社会—技术系统演化的关键性力量。信息技术和电子商务生产组织方式有助于保持淘宝村集群外部的网络开放性,同时促进集群内强大的组织间关系。

苏南地方政府属于典型的地方政府公司主义经济类型。前期工业化积累的大量资本,进一步注入地方新的发展中,通过制度创新盘活土地和空间资源,推动能性空间集聚,并统筹地方社会经济发展。

8.1 县域经济:常熟服装淘宝村集群

作为全国领先的服装产业集群,常熟产业规模达数千亿元。常熟淘宝村集群属于大型淘宝村集群[①]。在阿里研究院公布的"2016年中国大众电商创业最活跃的50个县"中,苏州常熟位列江苏省第一位,并连续五年在中国电子商务发展百佳县排行榜中位列前十位。

一般而言,产业集群由一系列因素相互作用而形成,如资源优势、市场需求、技术优势、供应链效应、人才优势等。但是集群效应不会永远持续下去,当集群所从事的产业发生衰退,当集群不再拥有租金、人工等低成本优势,当集群难以通过创新走出发展低谷等情况发生时,集群就会面临衰败的命运。作为一种新的产业集群类型,常熟服装淘宝村集群的发展有哪些特点?淘宝村集群有可能避免一般产业集群的集群效应难以持续的困境吗?淘宝村集群经济的发展是否能带来乡村地区的社会生活方式和人居环境的改善?

8.2 物质性空间生产

中国拥有超大规模的、多层次的消费市场和庞大的国内消费群体。不断增长的线上市场激发了农村地区的生产供给。经历了10多年来电子商务发展,苏南地区淘宝村的生产进一步向适应于互联网交易的优势产业集中,不断围绕电子商务经济活动重组生产空间。

1) 零星分散的初始阶段

在苏州常熟地区,互联网市场的逐渐打开,带动了本地成衣工厂和大量农村家庭作坊加入生产。"一个电子商务设计运营团队连接着生产、加工、物流等多个工厂,如果设计一件销量达50万件的服装,就能养活3家工厂。"成衣工厂来自20世纪八九十年代常熟本地乡镇企业转制后的私营企业,一些新的工厂则是随着常熟服装市场发展而出现的。

发展电子商务之后,莫城街道及其下辖村庄原有的机械、电镀、化工企业基本退出,生产类型向服装行业集中。连接互联网之前,与大部分工业型乡村类似,莫城街道的村庄也多是"马路经济",沿着省道两侧分布着大量的生产性工厂。2000年以后,中小型服装生产企业、配套企业数量快速增长,进一步向村庄内部延伸新建大量厂房。

农民集中社区成为新经济重要的居住/生产复合空间载体。2000年以来江苏推进"三集中"政策,传统乡村临水而居的方式被农村集中社区所替代。大量的家庭作坊、小微淘宝店分散在农民集中居住区。

村投入资金1000多万元,完成了农民集居地建设,已经建成了言里村、漕泾新村、石岸口新村、蔡家巷新村四个多层式(5层楼房)集中居住区和恩潭新村双层式集中居住区,共计新宅300多户……户主一般居住在顶层,余下4层房屋全部用于出租。村里有大量可供出租的房屋。这种新村房屋在建设初期就考虑到出租的可能性,为了避免外来租客的干扰,特意设置了南北两个方向楼梯,互不干扰。言里村底楼单间为850元/月,两室户为1200元/月左右。房东通常会在出租信息上写着"适合做加工,开淘宝,做仓库"。

——笔者调研记录,2016年

2) 加速演化阶段

在信息与通信技术(ICT)嵌入乡村社会的过程中,一方面不断消灭了传统中间分销环节,另一方面又演化出新的基于网络的中介或者称之为"信息中介"(Currah,2002)。在常熟淘宝村,阿里巴巴(常熟)跨境电商服务中心、敦煌网、蝶讯网等典型的"信息中介"出现集聚现象。"信息中介"在构建互联网的协作系统中发挥重要作用。随着网上交易数据的积累,数据驱动生产作用开始显现。通过历史交易数据预判未来销售,完善供应链管理,提高资源配置效率,常熟服装多品种、小批量、短交期要求的新型业态开始显现[②]。

传统的服装品牌也开始将自己改造为"多渠道"组织形式,即"砖头和点击"模式。2018年底,言里村50人以上的服装企业有10家左右;10人以上的加工作坊有500家左右,另外加上小作坊、仓库、宿舍、网店共800多家。

这种生产网络兼具弹性,可以调整生产,重新组合,以应对快速变化的互联网市场。

同时,随着互联网销售逐渐形成一定规模,本地独立设计师开始成长。莫城街道开始出现原创女装品牌设计师的集聚现象[③]。一批新兴的市场行动者成了关键力量。这些行动者包括初创企业,它们以创新的商业模式和灵活的运营机制为服装产业注入新的活力;基于互联网的"信息中介"平台,它们通过高效的信息匹配和流通,促进资源的优化配置和市场的扩展;以及独立设计师,他们凭借独特的创意和设计理念,为服装产品增添了个性化和差异化的元素。他们在不断的实践中逐渐掌握了互联网的"核心"技术并快速迭代。

这一阶段,大大小小的电商产业园、厂中厂、家庭作坊、"淘宝村一条街"等在空间上形成。到处可见遍布全村的涵盖高端、中端、低端生产的厂房与作坊。大的生产企业通常有独立的一栋办公类;小的生产企业通常几家合用一栋楼;更小的家庭作坊会租用农民集中社区(图 8-1 至图 8-3)。

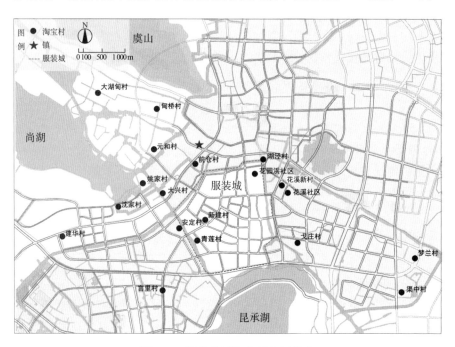

图 8-1　常熟莫城淘宝村空间分布

3)基于互联网的社会分工协作正在形成

随着电子商务与常熟服装产业深度融合,常熟服装市场与周边淘宝村从"农村交易市场+生产加工基地"的简单协作生产组织,转向基于互联网的复杂协作生产组织。

在这场互联网革命中,服装市场演化出了更为复杂的功能。对外,通过互联网连接全球范围的信息及优质资源;对内,不断整合地方资源,提供区域性公共服务,使地方化联系更加紧密。在原实体交易市场的基础上,

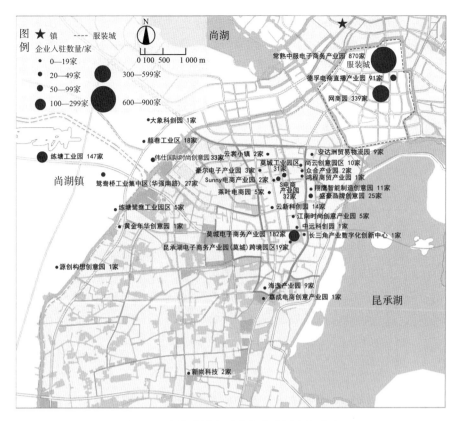

图 8-2 常熟莫城电子商务产业园空间分布

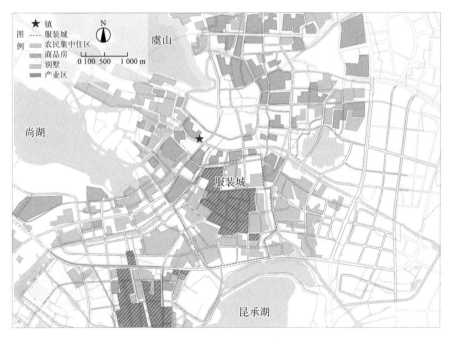

图 8-3 常熟莫城居住空间

常熟服装市场频繁举办各种国际、国内交流会,2014年开始发布中国·常熟男装指数,原创设计团队、功能平台、数据服务公司、大型电子商务企业等都在快速集聚过程中。2017年常熟服装城市场成交额达1 488亿元,出口额达13亿美元,成为"枢纽"功能节点。

服装城附近大大小小十几个村庄组成了庞大的本地化生产网络,并形成了一定的差异化分工。在信息与通信技术(ICT)的支持下,每一个有创新想法的人都有可能加入这场农村电子商务经济活动中。他们中的一部分人正推动着农村地区的生产融入更大的供应链体系中——一条条线上市场供应链上下游的连接,像毛细血管一样,将农村的剩余劳动力和各种农村特色产品连接到全国甚至全球生产网络中。

在电子商务交易中,生产者可以根据用户需求反馈创新产品,这种来自电子商务"自下而上"的过程创新,促使组织不断调整迭代。在这个过程中,线上市场不断涌现出各种小微创新。

与此同时,随着密集的高铁网建成通车、区域交通一体化,一批苏南小城镇迈入高铁时代,发展必将进一步加速。

8.3 象征性空间生产

创造地区形象、助力转型升级的象征性空间生产正变得越来越重要。象征性的空间生产统一了生产、设计、互联网视觉传播的物质实践,促使外界对苏南乡村有了新的认识。

1)宜居宜业整体形象展示

农村电子商务经济的繁荣带来了地方发展的正向反馈。2017年地方政府启动了"云裳小镇"计划。莫城在获批江苏省级特色小镇之后,又获得了省级政府的支持和财政补贴①。国有资金作为外生力量介入村庄原本内生的治理格局中(Shen et al., 2018)。云裳小镇总规划面积为3.62 km², 规划定位为"纺织服装特色产业基地、文化旅游观光地、生态宜居地,打造中国服装产业新智造示范基地、中国服装产业创新示范基地和全球时装产业创意之都"。目前物质空间已经基本建成。

2)共享的"小镇客厅"

在特色小镇的建设中,"小镇客厅"似乎成为一种标配。"小镇客厅"受到客厅作为会客交流功能的启发,是当地对外交流、展示的公共空间(陈晓等,2020)。在官方宣传文件中,云裳客厅是"市新的社会阶层人士联谊会莫城街道分会的重要载体,为新阶层人士提供政策解读、企业政务党务咨询、产业技能培训、学习交流、路演发布等服务"。建成的云裳客厅("小镇客厅")采用灵活可变的室内空间组织和设计,来满足上述多功能活动的需要。

3)一种互联网商业文明的消费景观出现

旧厂房更新改造的符号性表达强烈。特色化的互联网店铺越来越多,似乎越独特、越与众不同的,就越能突显店铺的时尚风格。

正在外观改造配套升级的金剪刀艺术坊,建筑立面采用江南风格的坡屋面形象作为装饰,夸张且符号意味强烈;巨大的玻璃透明橱窗朝向街道打开,吸引着路人向内打量。

新型表皮主义不仅表现为街道立面、老厂房外立面,而且体现在建筑内部。为了适应直播销售,建筑室内空间采用或潮流或怀旧的布景式改造,充斥着各种"网红化"的元素符号。背景、灯光、货品摆放、室内小品,甚至卖货人本身也成为一道重要的风景。

由厂房原货梯改造的员工乘坐的电梯内,"青春万岁!坚持、梦想与奋斗""即使第一百次跌倒,我还可以第一百零一次站起"等宣传语十分醒目,激励着在这里每天上下班的年轻人。

——笔者调研记录,2021年

大量活动节日被"人造"出来,对外展示新的江南水乡地方形象。这些节日既非传统乡村节庆,也不同于城市艺术节,目的是推动地方经济。如"江南国际时装周"通过展览、论坛、走秀、竞赛、评奖五大主线活动,将国内外纺织服装专业品牌、供应商与采购商、优秀设计人才等全部汇聚于常熟,不仅有效推进了商贸合作、资源整合,而且成了常熟的城市名片。另一活动"云裳青年创客文化周"则更加鲜明地指向创业青年,涵盖青年时尚论坛、创意作品展、插画征集、快闪等活动(表8-1)。

表8-1 淘宝村的象征性空间生产

空间生产类型	空间功能	文化意象表达	传播方式
特色小镇	办公、商品房、宿舍、公共食堂等	宜居宜业的整体形象对外展示	线上线下宣传
"小镇客厅"	对外交流、展示的公共空间	开放、交流	线上线下宣传
更新改造	办公、出租	互联网消费文化、新江南文化	线上线下宣传、网红打卡地
节日活动	举办竞赛、时装周	互联网消费文化、新江南文化	线上线下宣传、直播

表皮化的更新改造和"人造"节日的涌现,回应了互联网消费经济的崛起,向外展示了新江南繁荣景象,但在深度挖掘江南人文底蕴上还远远不够,与本地生活更是难以形成情感连接。我们需要在本地生活和互联网经济中找到一种平衡,避免过度的消费性文化与消费景观出现,重塑生态文明价值观下新时代的地方集体认同。

8.4 社会性空间生产

2014年以前,地方政府仅是对国家"农村电子商务发展"政策的例行呼应,对乡村自发的分散化的电子商务活动并没有介入和干预。但是随着常熟服装生产的社会—技术系统不断演化,市场的蓬勃发展并不意味着政府的作用减弱,相反地方政府的作用日益重要⑤。苏南地方政府属于典型的地方政府公司主义经济类型(温铁军等,2011)。地方政府将前期工业化积累的资本注入新发展项目,通过制度创新盘活土地和空间资源,推动功能性空间集聚,形成产业园区,提升经济效率,统筹地方社会经济发展。莫城管理区着手租赁村里的老厂房,对其统一更新改造,进行功能集聚引导。将原本分散化的一些较大规模的电子商务企业和创新性服装企业集中到园区,并作为空间载体承接服装城转型升级的新的功能外溢。

1) 强烈的用地需求与频繁调整的规划

快速发展的电商产业"圈地"行为与划定的永久基本农田保护形成强烈的冲突⑥。常熟市城市规划超出土地利用规划建设用地约 182 km²,仅通过"多规合一"图斑差异处理所腾挪的指标远不能保障城市发展要求(何子张等,2016)。利用国土资源部城乡用地增减挂钩的政策,提出"三优三保"政策⑦(图 8-4)。莫城街道整合村级工业用地,打破传统二元结构,编制《常熟市莫城街道村级工业用地整合优化规划》,确定整治退出工业地块 52 个,用地面积为 1 008.94 亩(约 67.26 hm²),占莫城街道村级工业用地的 30.8%。在整治退出的工业地块内不允许在建设用地范围内有新的建设行为,用地指标转给市政府统筹发展,并将用地指标流转到重点项目。在推进老旧工业区更新改造的过程中,莫城街道鼓励原土地使用权人组团联合开发⑧。通过制度创新盘活土地和空间资源。

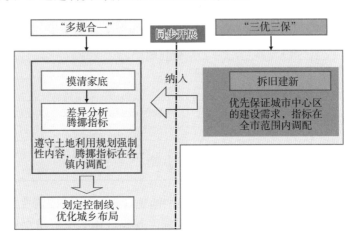

图 8-4 "多规合一"和"三优三保"的关系

2013 年《莫城电子商务产业园》编制完成。在此基础上,2018 年编制的《常熟市莫城云裳小镇控制性详细规划》,将用地范围扩大到 3.6 km²。以创造宜业宜居环境为目标,进行整体的产业规划和布局,充分利用原有老厂房进行更新改造。《常熟市莫城街道莫城社区控制性详细规划》进一步优化了莫城社区的用地布局,逐步完善各项功能设施配套。

为了协调统筹资源,2017年莫城街道与常熟服装城实行"区镇合一"管理体制⑨。在领导模式、政策支持、管理模式等方面全面构建区一级政府在乡村建设中的主导角色。在这一过程中,政府对于乡村治理的干预能力获得了进一步加强,确保了调动资源支持本地服装产业发展的能力。

2) 大量外来人口与治理挑战

一方面,新经济活动促进了淘宝村集体租赁收入增长,集体财力的增长又进一步反哺农村基础设施和公共服务供给。苏南农村的集体经济自1997年对传统集体经济的改制之后,开始以新的形式出现。通过租赁厂房和土地出租获得租金是其中最为普遍的一种方式(刘志彪等,2018)。在言里村的一份文件中明确要求"依托原有标准厂房,确保资产升值,形成稳定的财力来源。充分利用区域内的边角地块,整合资源,加大配套性集体财力载体的开发建设,发展功能性服务"。2016年,言里村级资产总额达6 015万元,拥有标准厂房37 000 m²,商业用房700 m²。言里村正是由于保有一定的村集体资产,每年获得稳定的租金收益。

另一方面,新经济发展吸引的大量外来人口也给村庄的管理增加了难度。外来人口对住宅、基础设施和公共服务设施供应均造成较大压力。由于租房多以"三合一"的方式存在,即生产、仓储、住宿在同一场所。每年街道居民委员会不得不定期对地区内数以千计的家庭作坊进行整改,以保证消防安全、减少安全隐患。

3) 生态环境的巨大压力

小规模的电商企业产品制造给生态环境带来巨大压力。淘宝村热销的产品中多以服装、家纺、家具等劳动密集型工业产品为主,这类产品对技术的要求不高,但对农村资源的消耗较大,环保监管较为薄弱,对乡村生态环境保护产生了较大的负面影响。

表8-2和图8-5总结了本章对淘宝村空间生产的论述。

信息技术和电子商务生产组织方式有助于保持淘宝村集群外部的网络开放性,同时促进了集群内强大的组织间关系。常熟淘宝村集群经济的繁荣带来了地方发展的正向反馈,特色小镇、"共享客厅"、新的互联网商业文明的消费景观、各种节日活动等对外展示着新的江南水乡风貌;同时,地方政府在推动地方新发展的过程中,将前期工业化积累的资本进一步注入新的发展项目中。此外,地方政府还通过制度创新来盘活土地和空间资源,推动土地成片连片改造,从而实现土地资源的优化配置;推动能性空间集聚,形成电子商务产业园区或产业功能区,以提高区域的经济效率和竞争力。这些措施共同推动了地方社会经济的统筹发展,实现了经济结构的优化和产业的升级。

淘宝村集群经济的发展是否彻底改变了乡村地区的社会结构和生活方式,能否持续带来乡村地区人居环境的改善和福利增长,需要进一步观察和思考。

表 8-2 淘宝村的空间生产

空间生产	信息与通信技术(ICT)——多元行动主体作用		信息与通信技术(ICT)——乡村社会转型
(1) 物质性空间生产 ①随着互联网市场打开,生产向适于线上交易的地方优势产品进一步集中;②形成大大小小的电商产业园、厂中厂、家庭作坊、"淘宝村一条街"等;③专业性市场发展成为"功能性枢纽"。 (2) 象征性空间生产 ①特色小镇建设;②"小镇客厅"建设;③更新改造与符号化;④大量"人造"活动节日出现。 (3) 社会性空间生产 ①类城市化景观、碎片化空间;②土地利用冲突与空间规划;③大量外来人口与治理挑战;④生态环境的巨大压力	平台企业	(1) 推动互联网消费市场的形成 (2) 通过数据驱动提高生产率,开放的社会化分工协作方式逐渐形成	苏南小城镇及周边淘宝村作为地方化的集聚体,是鼓励具有实干精神的草根创新空间,并正在成长为参与区域经济之全球竞争的重要基础。转型具体表现如下: (1) 经济方面 ①提供工作机会,吸纳大量农村闲散劳动力,成为年轻人的创业基地;②基于互联网的社会化协作系统,以及一种新的农村强生产组织正在形成。 (2) 文化方面 ①积极塑造时尚化、国际化的新江南水乡形象,助力地方转型升级;②新的互联网商业文明的消费景观出现。 (3) 社会治理方面 ①新经济空间扩张强烈,规划调整频繁;②在解决各种社会矛盾和问题的过程中,新的冲突和问题不断出现
	新农人、电商企业、消费者	(1) 传统乡土中国追求家庭福利增长的动力和草根奋斗精神 (2) 围绕电子商务生产,协同合作 (3) 广泛存在的实干和创新精神。大量改进和创新来自小微企业或个人 (4) 生产者与消费者共同创新	
	地方政府与空间规划	苏南地方政府属于典型的地方政府公司主义经济类型。 (1) 将前期工业化积累的大量资本注入地方新的发展中,推动地方发展 (2) 优先保障列入地方经济发展计划的重点项目用地。推动功能性空间集聚,统筹空间资源配置 (3) 统筹地方社会经济发展	
	原村民、村民委员会	(1) 农民集中式多层住宅成为外来人口的重要载体,为新经济提供了一种"低成本"的方法 (2) 积极推动乡村营销、招商引资 (3) 村集体租赁收入增长,又进一步反哺农村基础设施和公共服务供给	

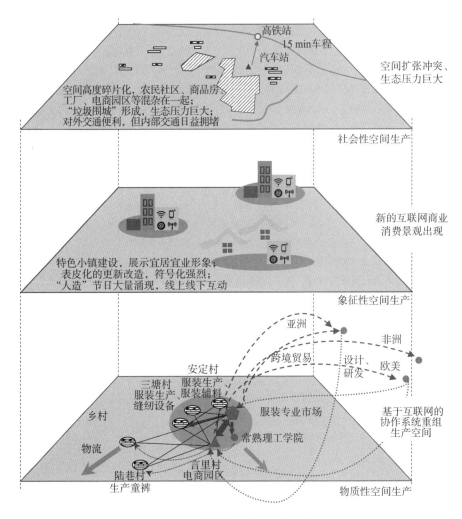

图 8-5　淘宝村的空间生产示意

[本章内容根据周静,2022.技术发展与乡村转型:苏南淘宝村的实践[J].上海城市规划(5):13-18 进行了修改]

第 8 章注释

① 根据阿里研究院统计数据,2018 年我国有超大型淘宝村集群 2 个、大型淘宝村集群 21 个。

② 实地调研发现,阿里巴巴、敦煌网为企业提供跨境电子商务服务,辐射整个常熟甚至苏州市;蝶讯网为服装生产上下游企业提供专业信息,包括新兴面料、流行元素、时尚走秀等信息,并为付费会员服务提供服装样板矢量图,以及为企业提供员工培训与游学服务;还有的是为企业提供各种网络营销代理。

③ 在电子商务发展之前,常熟服装以生产设计要求不高的男装和中老年休闲服装为主。互联网发展后,在男装进一步发展的基础上,女装也有了快速发展。通常女装

品牌设计师倾向于聚集在大城市。

④ 空间规划是指导国家资金和政治资源投放的重要参考。计划在2018—2020年共投资30亿元建设。2018年累计投资就达到13.89亿元,其中国有投资7.64亿元。

⑤ 2014年8月《常熟市政府关于印发〈关于促进电子商务发展的若干政策意见〉的通知》(常政发规字〔2014〕4号)出台,该政策是常熟市首次出台扶持电子商务产业发展的专项扶持政策,标志着地方政府对农村电子商务支持工作的全面铺展。随后,常熟市被评为全国首批电子商务进农村综合示范县。

⑥ 此外,村民建房的愿望非常强烈,村庄违法建设现象频频发生。近年来莫城街道违法建设累计排查待治理项目200多个,面积有30多万m^2。

⑦ 通过优化农用地结构布局、建设用地空间布局和镇村居住用地布局,做到保护资源更加严格、保障发展更加有力、保护权益更加有效。

⑧ 在现实需求和实践探索的基础上,《常熟市政府办公室关于印发〈常熟市老旧工业区(点)联合自主更新操作指南(试行)〉的通知》(常政办发〔2022〕50号)。

⑨ "区镇合一"的管理体制,即将产业园区与镇(街道)合二为一,实行"一套班子,两块牌子",整合归并政府职能,减少管理层次,降低行政运行成本,提高工作效率。

第8章参考文献

陈晓,陆邵明,2020.共享视野下的小镇客厅营造模式浅析:以杭州骆家庄文化家园为例[J].新建筑(3):150-155.

何子张,洪国城,李佩娟,2016.基于城乡统筹的存量规划与机制创新研究:常熟"多规合一"实践[C]//中国城市规划学会.规划60年:成就与挑战:2016中国城市规划年会论文集.北京:中国建筑工业出版社:575-587.

刘志彪,张月友,2018.新苏南模式推动多种所有制经济协同发展[J].中国国情国力(5):53-56.

温铁军,等,2011.解读苏南[M].苏州:苏州大学出版社.

CURRAH A D, 2002. Behind the web store: the organisational and spatial evolution of multichannel retailing in Toronto[J]. Environment and planning A: economy and space, 34:1411-1441.

SHEN M R, SHEN J F, 2018. Governing the countryside through State-led programmes: a case study of Jiangning District in Nanjing, China[J]. Urban studies, 55(7):1439-1459.

第8章图表来源

图8-1至图8-3源自:笔者绘制.

图8-4源自:何子张,洪国城,李佩娟,2016.基于城乡统筹的存量规划与机制创新研究:常熟"多规合一"实践[C]// 中国城市规划学会.规划60年:成就与挑战:2016中国城市规划年会论文集.北京:中国建筑工业出版社:575-587.

图8-5源自:笔者绘制.

表8-1源自:笔者根据实地调研绘制.

表8-2源自:笔者绘制.

第三部分　结语

9　本书结论与思考

在信息技术与乡村社会共同演化的过程中,淘宝村的生产组织正在从传统的乡村弱生产组织转向一种新的强生产组织。

技术将如何影响市场和农村地区的人类福利,以及如何评估新政策和管理制度的有效性和影响亟待研究。技术进步并不必然带来公平或共同富裕。在这个日益复杂的多中心城乡网络社会中,我们要传承中华文化、注重人文关怀,营造更宜居的环境,让每个人都能在这片土地上更好地生活。

中国淘宝村正在通过数字化革命激活内生力量,蓬勃发展乡村产业,实践着新时代的乡村文明。本书回应导言提出的三个问题,通过前文的理论与实证分析,本书结尾部分提出淘宝村现象的一个解释框架,重点阐述在信息技术与乡村社会共同演化的过程中,淘宝村的生产组织正在从传统的乡村弱生产组织转向一种新的强生产组织这一核心观点,并对信息时代的涌现现象,以及乡村振兴和未来人居环境展开进一步思考。

9.1　淘宝村现象的一个解释框架

1) 乡村弱生产组织利用信息与通信技术(ICT)和电子商务打开销售特色农产品的线上市场

发展经济最根本的动力就是每个家庭、每个人都想改善生活。在"家国一体"传统下的乡土中国,家庭单元始终是社会演进中相对稳态的微观行动单元。中国传统乡村生产组织有小农生产、家庭手工生产和作坊生产三种基本方式,主要依靠熟人社会,如血缘、亲缘、朋友和其他"关系"维系(费孝通,1948)。因为缺乏规模效应和技术,同时又远离消费市场,中国传统乡村生产组织是区别于成熟市场生产组织的弱生产组织。

在农村电商发展的开始阶段,在实现家庭福利正增长的目标下,农民草根创业者自发利用电子商务销售农村特色产品,如各种农产品、手工艺品、初级加工产品等,逐渐打开了销售农村产品的线上市场。电子商务是农民主动选择的生产方式,带给他们的不仅是交易方式的变化,而且有对接市场时在订单价和定价权上的局部交易自由(汪向东等,2014)。

返乡创业的年轻人从城市带回来资金、技术以及先进的经营管理理念,打通了由城到乡的生产要素流通渠道,改变了乡村长期以来资金、人才单向外流的情况。调研显示,在江苏淘宝村出现大量的农村年轻人返乡,而且还有外来移民,其中不乏大学生、海归硕士等,这些高素质人才的返乡或进入乡村是市场发展的需要。淘宝村可以提供给年轻人工作机会和合理的经济收入,并且可能在未来带给他们更多的收入。这些人口的流入使得淘宝村的人口变得多元化、年轻化。

淘宝村的经济能人、政治能人的示范作用和影响明显。经济能人、政治能人在有些情况下二者甚至是交叉重叠在一起的,在村民委员会担任重要职务,了解当地的需要,为乡村创业者提供贷款担保,有时甚至是新经济生产组织的直接参与者。同时,熟人社会对于网商的成长和扩散,具有天然的优势,一个农村网商先发展起来,就会形成涟漪效应,向周边的亲友、邻居扩散,在实践中学、边做边学、边用边学的"干中学"是淘宝村涌现的内生动力源。众多小微企业和个人在实干中被激发出"创造力",最终形成了具有规模效应的淘宝村。

2) 新兴线上市场激发强生产组织

平台经济转向是淘宝村涌现的外部推动力。中国拥有超大规模的、多层次的消费市场和庞大的国内消费群体,不断增长的线上市场激发了农村地区的生产供给。平台的组织变革和技术演进促进了互联网商业模式的持续创新与突破。一方面,平台的出现使数据的积累、流动与共享成为可能,同时数据成为平台经济时代新的生产力。面向众多的消费者,无数个体的创新效率远比大企业更具有优势。另一方面,平台经济不断创新金融、物流、信用服务等基于互联网的服务体系与新的基础设施。新的服务体系与新的基础设施支撑平台经济,为个体、小微企业提供了必要的、可负担的互联网商业基础设施。

来自电子商务"自下而上"过程的创新(Wrigley et al.,2002)给淘宝村注入了源源不断的活力,数据驱动创新使得淘宝村的乡村生产组织发生跃迁。通过对淘宝村就业类型变化的观察,乡村地区两种新的分工趋势明显:一种是围绕电子商务产业链的本地专业化分工。在新兴市场需求下,基于互联网的营销策划、模特、摄影、互联网直播、数据服务商、后台服务等十多种专业化分工已经形成;另一种是基于互联网,突破传统时间和空间限制的分工。利用互联网将更大地域范围的分工优势纳入本地化的生产中。如常熟淘宝村,当地中小企业在设计、面料研发方面并没有优势,通过互联网寻找合作,将全球最新的设计款式、研发,与本地化的生产结合在一起,降低企业成本的同时产品质量大幅提高。

两种新的分工趋势与传统乡土中国的熟人社会分工汇合,产生了一种新的混合的生产组织形式,使得淘宝村传统松散的生产组织发生了重要转向。这种新的生产组织本质上是网络化的。它突破了原有小范围的熟人社会网络,网络联系被大大扩展。同时,它也是一个开放性的系统,在网络中,多种文化、多种类型的企业或个人并存,它们之间存在大量的连接现象,彼此信息互通,有相对一致的目标和利益,既相对独立又相互依赖,更适应于新的信息化经济。

新的生产组织有以下几个明显的竞争优势:

首先,这种生产组织兼具弹性与生产效率以应对不确定的新兴市场。由于淘宝村经营的产品大多依托当地特色资源和工艺的轻工业产品,生产加工的环节通常可以分散化、计件制,允许乡村居民更加灵活、分散地进行生产。例如,服装生产的主要环节包括选样、打板、剪裁、缝纫、包装等。工厂和乡村居民之间形成了一种更为灵活的生产网络。工厂大多愿意聘用当地村民进行生产,对上班时间没有要求,提供加工设备,支持工人将剪裁好的材料带回家缝纫。由于都是熟人,生产商和村民之间相互信任,薪酬采用计件制。

大量家庭作坊的方式参与生产加工环节中,与本地化的中小企业生产网络形成弹性链接。一旦上游发生创新性改变,下游的中小企业和家庭作坊之间的生产合作可以迅速调整,重新组合形成新的生产网络。作为一个社会技术系统,淘宝的生产网络是高度复杂的在线技术与低技术水平的劳动密集型产业的具体结合。该系统的灵活性是通过供应职能的极端分散和小的订货规模,以及在城乡社区微观一级调整劳动分工来实现的。

其次,相比于传统工业社会,在信息与通信技术(ICT)的协同作用下,乡村的创业者能够直接对接市场,并有机会能够接近创新核心,不论是产品的设计、生产,还是销售创新,都能通过信息技术与互联网获得及时反馈与创新应用迭代。在农村熟人社会的涟漪效应(费孝通,1948)作用下,与线上销售相关的各种信息和经验能够在亲友、邻居之间快速扩散。在信息技术的支持下,每一个有创新想法的人都有可能加入这场农村电子商务经济活动中。更为重要的是,信息与通信技术支持下的信息管理、协同能力,能够突破地理限制组织生产环节。他们中的一部分人正推动着农村地区的生产融入更大的供应链体系中:一条条线上市场供应链上下游的连接,将农村的剩余劳动力和各种农村特色产品连接到全国甚至全球生产网络中。这使得中国传统农村的弱生产组织正在发生根本性的变化,潜力被释放出来,并演化为一种强生产组织。今天的淘宝村模式是基于平台的一种新型生产组织方式,是开放的社会化的大协同体系。当村民加入这个体系的时候,即加入了社会化大生产的营销、生产制造和供应链分工体系中。

3) 强生产组织与技术共同演进并保护市场,给乡村地区带来深刻影响

国家实施乡村振兴战略,通过政策支持和市场引导,把各种发展要素注入乡村,助力实现乡村振兴,全方位支持乡村发展。各级地方政府和村

民委员会在国家乡村振兴发展战略的指导下,通过具体规划执行,主导以基础设施为代表的公共产品和公共服务,同时鼓励市场在资源配置上扮演重要角色,以此形成的混合经济带来淘宝村的快速发展。

乡村规划建设在全国范围广泛展开,乡村人居环境改善成效显著,为乡村多元化发展奠定了社会与物质基础。乡村建设运动改善了乡村社会的物质环境,尤其是乡村基础设施和基本公共服务、乡村通信网络、物流快速发展等,乡村整体人居环境条件获得明显改善。同时,地方政府和村民委员会不是简单地重复或者跟上中央政府发起的发展项目,他们通常是地方经济增长的具体实践者,他们设计并落实发展政策,这些政策促进了地方制度架构的建设,并有助于满足地方和村镇的具体发展需求。

经过10余年的发展,淘宝平台已经从最初的电商平台扩展成为复杂的电子商务生态系统。一方面,物流技术、金融服务支持等在平台上被高度集成,搜索引擎不断经历迭代、各种营销方式不断涌现。另一方面,由于电子商务交易的用户与生产者之间的信息传递,生产者可以根据用户需求反馈创新产品,这种来自电子商务"自下而上"的过程的创新,促使组织不断调整迭代。在这个过程中,线上市场不断涌现出各种小微创新,并且繁荣的商品及供给得到保障。这将给农村地区带来广泛而深刻的影响(Zhou et al.,2021)(图9-1、图9-2)。

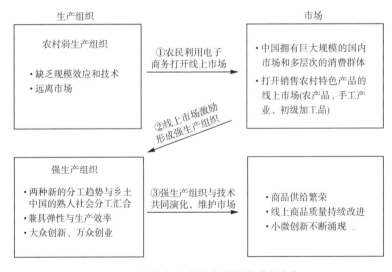

图9-1 技术与乡村社会共演的分析框架

9.2 信息时代的涌现及对未来人居环境的思考

淘宝村可以被理解为信息时代的一种涌现。技术的迅猛发展推动信息时代出现大量涌现,新思想、新观念、新技术奔涌向前,新元素、新关系、新规律不断显现,推动社会的进步和发展,赋予个体更多的社会参与和表

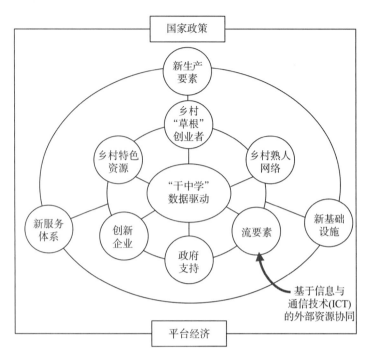

图 9-2　基于信息与通信技术(ICT)协同的淘宝村强生产组织方式形成

达,对个体、经济组织、社会结构等都将产生广泛而深远的影响。信息时代的涌现不会停歇,我们要迎接复杂多变的挑战,积极追求与改善我们的人居环境。

100多年前,霍华德在《明日的田园城市》中畅想通过建设田园城市来解决城市化进程中的大城市病问题和乡村衰落问题,在其构建的"城乡三磁体"经典模型中,作为"城市—乡村磁体"的田园城市兼有城市和乡村的优势,是将城市和乡村生活整合在一起的健康、自然和经济节约的理想化人类新社区。平台经济的崛起和网络社会的来临,为原本资源受限的乡村跨越式发展提供了技术条件,基于信息与通信技术(ICT)协同的淘宝村能否通过内生发展成为兼有城市和乡村优势的田园城市,淘宝村现象是否可以断定电子商务已经彻底改变了农村地区的社会结构和生活方式,都需要进一步观察。

费孝通先生晚年指出,"经济的发展并不是唯一目的,经济的发展只能解决我们生存的基本问题,我们还要解决如何能生存得更好、更有价值,使自我价值的发挥得到更宽阔的拓展,并从中发展出一种新的人文精神"。

淘宝村的发展在乡村产业振兴中发挥探路先锋的作用,淘宝村的经济发展最终需要落实到乡村居民的生活水平与质量上来,体现在居民就业与收入、生活质量、城乡差异以及文化发展等问题上。随着我国社会经济的发展,越来越多的人和资源涌入乡村,希望在乡村振兴中找到发展的机会,这对于乡村而言无疑是一个巨大的机遇。但是技术与社会的演进并不会天然带来公平,也不会天然推动共同富裕。信息技术与平台经济在推动乡村振兴方面虽有巨大的利益提升空间,但其利益分配机制仍有待完善,区域间、城乡间、乡村内部不同群体的利益分配不均问题仍然存在,制约着技术为乡村振兴带来更多的动力。随着技术的不断进步,新的风险和挑战出现,技术将如何影响市场和农村地区的人类福利,以及如何测试与评估新政策和管理制度的有效性和影响亟待研究。

一直以来,城乡规划研究工作中的中心挑战都是持续不断地研究与行动,努力更好地了解城乡空间的演化进程和规律。我们需要在认真研究的基础上,准确把握当前新科技革命作用下城乡系统的结构、能源、信息、连通性和网络,以及城乡各类空间新的需求和变化,在各类空间的规模需求、功能联系等方面做出科学安排,构建协同发展机制,确保安全、稳定的生态格局和可持续发展的人居环境。迎接日益复杂的多中心城乡网络社会带来的挑战,赓续中华文脉、体现人文关怀、寻找地方意义、塑造更好的人居环境,使它所支持的每一个个体都能够生活得更好。要实现这些,需要我们所有人的共同努力!

第 9 章参考文献

费孝通,1948. 乡土中国[M]. 上海:观察社.
费孝通,2013. 全球化与文化自觉:费孝通晚年文选[M]. 北京:外语教学与研究出版社.
霍华德,2010. 明日的田园城市[M]. 金经元,译. 北京:商务印书馆.
汪向东,梁春晓,2014. "新三农"与电子商务[M]. 北京:中国农业科学技术出版社.
CASTELLS M,1996. The rise of the network society[M]. Oxford:Blackwell.
WRIGLEY N, LOWE M, CURRAH A, 2002. Retailing and e-tailing[J]. Urban geography,23(2):180-197.
ZHOU J, YU I, CHARLES L C,2021. Co-evolution of technology and rural society:the blossoming of Taobao villages in the information era,China[J]. Journal of rural studies,83:81-87.

第 9 章图片来源

图 9-1 源自:ZHOU J, YU I, CHARLES L C,2021. Co-evolution of technology and rural society:the blossoming of Taobao villages in the information era,China[J]. Journal of rural studies,83:81-87.
图 9-2 源自:笔者绘制.

本书作者

周静,女,湖北武汉人。同济大学城乡规划学博士,上海大学上海美术学院建筑系副教授、硕士生导师,英国卡迪夫大学访问学者。主要研究方向为信息技术时代的城乡空间演变、人工智能与城市发展、社会调查方法等。在核心期刊上发表论文30余篇,出版专著1部。主持国家级项目1项、省部级项目1项。曾获金经昌中国城市规划优秀论文奖、由世界规划教育组织(World Urban Planning Education Network,WUPEN)与联合国教科文组织iCity联合举办的WUPENiCity城市可持续调研报告国际竞赛优秀指导教师奖。